MW01595622

Madre Teresa: Testamento

Pedro Arribas Sánchez

Madre Teresa:
Testamento

Editorial LUMEN
Viamonte 1674
1055 Buenos Aires
☎ 4373-1414 (líneas rotativas) Fax (54-11) 4375-0453
E-mail: editorial@lumen.com.ar
República Argentina

Lumen Bolsillo

Diagramación: *Mari Suárez*
Tapa: *Gustavo Macri*

ISBN 950-724-895-1

©1999 by LUMEN

Hecho el depósito que previene la ley 11.723
Todos los derechos reservados

LIBRO DE EDICIÓN ARGENTINA
PRINTED IN ARGENTINA

Introducción

No me consta que la Madre Teresa haya hecho testamento en el sentido propio de la palabra. Pero estoy plenamente convencido de que esta mujer, a la que todos amamos y admiramos, deja **una rica herencia** a nuestro mundo.

Destacar los valores humanos y evangélicos más valiosos de la vida y obra de esta mujer extraordinaria, que ha marcado la historia del siglo XX, constituyen el objetivo principal de estas páginas que tienes en tus manos.

"Los hombres pasan, sus obras permanecen", solemos decir. La Madre Teresa ha terminado su prodigiosa andadura terrenal. Pero ahí queda el trasparente testimonio de una vida ejemplar. Sobre todo, nos deja un claro camino de amor y de servicio al pobre y abandonado.

Nos deja, en palabras recientes de Juan Pablo II, *"el testimonio de Dios hecho misericordia. Las obras por ella realizadas, continúa el Santo Padre, hablan por sí mismas y ponen de manifiesto el alto significado de la vida. Ella sabía por propia experiencia que la vida adquiere todo su valor cuando encuentra el amor, y, siguiendo el Evangelio, fue el buen samaritano de las personas que encontró en su camino, de toda existencia en crisis y despreciada."*

Cuando hace pocos meses el P. Tanghe le preguntaba en Bruselas: "Madre, ¿cuál es su testamento espiritual? ¿Qué mensaje le gustaría dejar a la humanidad?"; La Madre, con toda sencillez y humildad contestó: *"Ámense unos a otros, como Jesús nos ama. Yo no tengo que añadir nada más al mensaje que Jesús nos ha transmitido. Para poder amar, se debe tener el corazón limpio. Y para tener el corazón limpio, hay que orar. El fruto de la oración nos lleva a profundizar la fe, el fruto de la fe es el amor, el fruto del amor es el servicio y el servicio al prójimo conduce a la paz."*

El amor. He ahí la palabra clave que explica el sentido de su vida y de su fecunda obra. Amor apasionado al hombre, especialmente al pobre, al desvalido, a todo aquel que ha caído a un nivel próximo al animal. Amor entrañable a la vida, a toda vida, ya esté plenamente constituida o en proceso de consolidación.

¿Por qué se preocupa tanto por los desahuciados y moribundos?, le preguntaron en cierta ocasión.

Mientras haya un soplo de vida, contestó la Madre, tenemos la obligación de cuidarla como el tesoro más preciado. La vida es un don de Dios y merece todo nuestro respeto y atención. Nadie, por ningún motivo, puede arrogarse el derecho de suprimir una vida humana, por deforme y deteriorada que se encuentre.

Amor ardiente también a Cristo, cuya sed de amor por el hombre, ella quiso apagar sirviendo a los pobres y abandonados. Este deseo de saciar la sed de Jesús en la cruz será la única, la última razón de su vida y de su obra, según ella misma lo confesara en múltiples ocasiones:

*Lo único que justifica la existencia de nuestra Congregación es el deseo de **saciar la sed ardiente de Jesús en los pobres**. Este anhelo resume nuestro carisma, nuestro cuarto voto, el espíritu que anima nuestra Congregación.*

Dios dio a la Madre Teresa un corazón "grande para amar y fuerte para luchar", como dice la canción. La dotó de un corazón universal en el que tenían cabida los pobres y los ricos, los sabios y los ignorantes, los justos y los pecadores.

En todos sus escritos jamás se encuentra una

palabra de crítica o descalificación contra nadie. Como el Maestro de Galilea, nunca emitió un juicio de valor contra persona alguna. El misterio del amor encierra dentro de sí otro misterio más profundo: el misterio del perdón. Solamente perdonan los que aman. Solamente aman los que creen en el hermano.

Amor que se opone a todo egoísmo, a toda revancha, a toda violencia, a toda discriminación social, política o religiosa. Así era el corazón de esta santa mujer.

Y junto al amor, el servicio. ¿Quién no admira en esta mujer carismática su capacidad de servicio en favor de los humildes y sencillos? Para la Madre Teresa, el servicio a los pobres será su gloria y su corona. Así la conocerá la posteridad: **"Madre de los pobres**.**"** Éste será su título inmortal.

El servicio, para ella, es consecuencia del amor. No se cansará de repetir que *"la fe en acción, es amor; y el amor en acción es servicio"*. El que no sirve, no ama; y el que no ama, no cree. Además podríamos decir que el que no vive para servir, no sirve para vivir. Y lo inservible es descartable. ¡Cuántas vidas inservibles, cuántas vidas descartables...! La Samaritana del siglo XX también dirá que hay que tener " *un corazón para amar y unas manos para servir"*. El amor que no se convierte en servicio, es una pura ilusión.

Un autor, famoso entre los famosos, Vargas Llosa, salió en defensa de la Madre cuando en un programa de la *BBC* de Londres se pretendió empañar el testimonio limpio de esta noble mujer. El eximio escritor confesaba certeramente: "Hay en la vida de la Madre Teresa una falta de egoísmo, un desprendimiento y una capacidad de sacrificio que, en el mundo en que vivimos, incomoda."

Pero adentrémonos ya en las páginas de este libro y descubramos por nosotros mismos la "**millonaria herencia**" que la Madre Teresa deja a nuestro mundo, pobre en amor, pobre en humanidad y, sobre todo, pobre en espiritualidad.

Capítulo I

El mayor acontecimiento de mi vida

Oriana Falacci, periodista italiana de los años 70, se hizo famosa por sus temidas entrevistas a hombres célebres de su tiempo. Sólo le faltó interrogar a la Madre Teresa para completar su apretada agenda. Otros, con menos prestigio que Oriana, pero con más suerte, lo consiguieron. Aquí están algunas de sus preguntas:

—Madre Teresa, en su vida ha cosechado muchos premios, ha fundado varias congregaciones que están extendidas por todo el mundo, ¿Cuál ha sido el acontecimiento más importante que ha tenido en su vida?

—*Le diré, sin temor a equivocarme, que el acontecimiento más importante que he vivido en mi vida ha sido mi encuentro con Cristo. Él es mi sustento y mi vida.*

—¿Y puede hablarme de Él?

—*Cristo es el amor para ser amado, el camino para ser recorrido, la verdad para ser proclamada, la vida para ser vivida.*

Hay encuentros que marcan la vida de una persona para toda la vida. Probablemente cada uno de nosotros podríamos dar testimonio de la verdad de esta afirmación. Sabemos que Cristo estuvo siempre presente en la vida de la Madre Teresa a partir de su infancia, por haber sido educada por su madre, una mujer profundamente cristiana. Pero el encuentro que cambió por completo el rumbo de su vida sucedió en una calle perdida de Calcuta. Oigamos sus palabras:

—No nací en 1910, como dicen mis documentos. Nací el 10 de septiembre de 1946 en una calle de Calcuta, cuando tropecé con el cuerpo de una mujer moribunda. Ratas y hormigas se paseaban por sus llagas. La levanté, caminé hasta un hospital cercano y pedí una cama para ella. La mujer murió en esa cama: la primera, la única y la última cama que tuvo en su vida.

Este encuentro casual cambió la vida de la Madre Teresa. Porque en esa mujer vio a Cristo agonizante sobre la dura acera de aquella calle desconocida. A partir de ese momento, fue encontrando a miles y millones de Cristos a quienes ha ido prodigando su amor y su ternura a lo largo de sus 50 años de servicio a los pobres. Para ella, Cristo y el pobre se identifican:

El pobre, dice Jesús, soy yo. Porque yo tuve hambre y me diste de comer, estaba desnudo y me abrigaste, enfermo y me curaste, sin techo y me alojaste en tu casa...

Debemos amar a los pobres, continúa la Madre, *porque son el mismo Jesús disfrazado de pobre. Ellos son nuestros hermanos y hermanas. Son nuestra gente. Tanto los leprosos como los moribundos, los hambrientos, los que van desnudos, todos ellos son Jesús...*

El Cristo que encontró la Madre Teresa a los 36 años de su vida, fue un Cristo desollado, maltratado, crucificado. No un Cristo triunfante y victorioso. Un Cristo pobre y sencillo, sediento de amor por los hombres. Saciar esa sed mística de Jesús en cada hombre y en especial en los pobres, se constituyó en la pasión dominante de esta mujer.

En todas las capillas de la Hermanas, al lado del crucifijo que cuelga sobre la pared, aparece esta inscripción "*I thirst*", "Tengo sed", como un emblema de la Congregación. Ese grito angustioso de Cristo en la cruz, les recuerda a las hermanas el objetivo fundamental de su consagración: apagar la sed de Jesús en los más pobres y abandonados.

"Nuestro objetivo, leemos en las Constituciones de la Congregación, *es apagar la sed infinita de Jesús en la cruz, su sed de amor por el hombre, a través de los tres consejos evangélicos y del servicio gratuito y de por vida a los más pobres entre los pobres."*

En la vida moderna muchos buscan un golpe de suerte, un negocio redondo, una operación maestra, capaz de solucionar para siempre todos sus problemas y sus anhelos de felicidad. Y lo buscan en el dinero, en el poder, o en otros ídolos que ofuscan el corazón humano. Nada más engañoso y fugaz.

La aventura más apasionante, el acontecimiento más sobrecogedor que un hombre puede tener en la vida, es, sin lugar a dudas, el encuentro con Cristo. Un encuentro personal y en profundidad como lo tuvo un día Pablo de Tarso a las puertas de Damasco, como lo tuvo Agustín de Hipona en el huerto de Casiciaco, como lo han tenido miles y miles de hombres y mujeres de toda raza y condición y en todos los tiempos de la Iglesia.

Hoy día también encontramos estos testigos de la fe que un día se encontraron cara a cara con Cristo y quedaron marcados por él para siempre.

Guillermo Rovirosa había estudiado la carrera de ingeniero industrial en Madrid y Barcelona, por los años de 1920. Terminados los estudios, viajó a París para ejercer allí su profesión. En París, Cristo le salió al encuentro cuando ya había llegado a la conclusión de que sólo en la ciencia podía hallarse la verdad.

Empujado por una simple curiosidad artística, Rovirosa fue un día, a fines de 1922, a visitar la fachada de la catedral de Notre Dame de París. Al asomarse al interior del templo, oyó que el entonces cardenal Verdier, Arzobispo parisino, pronunciaba estas sencillas palabras: *"el cristiano debe ser un especialista en Cristo. El mejor cristiano es el que mejor sabe y mejor pone en práctica los ejemplos y la doctrina de Jesús."*

Al oír estas palabras, en su corazón surgió inmediatamente la pregunta: "Y yo, bautizado y cristiano, ¿qué sé de Jesús? Apenas cuatro ideas vagas e inconexas." Avergonzado de sí mismo, comenzó a leer y meditar cuanto pudo acerca de Jesús. Tres meses más tarde, hacía su "segunda Primera Comunión". Este encuentro supuso un cambio radical de su vida. En adelante y hasta su muerte, su vida estuvo marcada por la austeridad, la exigencia de perfección moral y la entrega a un servicio, de por vida, al mundo obrero. Sin duda alguna, había nacido un hombre nuevo en la catedral de Nuestra Señora de París.

Para tener un encuentro con Jesús, solamente hace falta una condición: mantener al menos una puerta abierta para que, a través de ella, pueda entrar la luz. Puede ser la puerta del amor, de la oración, del dolor, de la verdad o de la honestidad. Si todas nuestras puertas están clausuradas, el encuentro con Cristo se hará imposible.

La Madre Teresa no solamente tuvo un encuentro inicial con Cristo en el pobre, sino que, a partir de él, establecerá un contacto personal con la persona de Jesús en la oración, en la eucaristía y en la meditación asidua de su Palabra. Para esta mujer sin fisuras, Jesús será la razón de su vivir.

Suena a confesión de fe la respuesta que dio a un periodista sobre su país de origen:

"Por sangre y origen soy albanesa, pero tengo la nacionalidad india. Y como soy una religiosa católica, por mi vocación pertenezco al mundo entero. Eso sí, mi corazón pertenece totalmente a Jesús."

Tener un encuentro con Jesús, he ahí el gran acontecimiento de la vida. Pero hemos de encontrar a Jesús no como a un Maestro, sino como a un Salvador, y seguirlo, no como un discípulo sino como un seguidor, no como un admirador, sino como un contemplativo. Afortunadamente este encuentro con Jesús no es fruto del estudio, ni de la reflexión humana, sino don del Padre y regalo del Espíritu.

Para ver a Jesús hay que tener los ojos limpios y el corazón libre. El camino para descubrir el rostro de Jesús pasa necesariamente por el amor. Jesús, se nos dice en el Evangelio, "se revela solamente a los sencillos y da su paz a los humildes de corazón". Comprender el misterio de Jesús, exige en nosotros renuncias y sacrificios. El precio de la fe en Jesús comporta una vida honesta y un servicio permanente al hermano.

En un mundo que padece de ceguera espiritual, Jesús está ausente. Solamente los "anormales", los que no se rinden a los imperativos de la moda, logran romper las sutiles rejas que los aprisionan, quedando libres para amar.

"Nuestro mundo, confiesa el starets Tavrión hablando de persecución en Rusia, *está hecho de tal modo que al creyente se lo tiene por un ser casi anormal; si no logran disuadirlo de su fe, lo encierran en un manicomio."*

La Madre Teresa, desde la silla de ruedas en la que estuvo confinada hacia el final de su vida, nos deja el primer legado de su testamento espiritual: "Lo más importante de mi vida ha sido el encuentro con Jesús." Ningún otro Maestro, fuera de Él, puede aportar al hombre la paz y la felicidad que tanto necesita.

●●●●●●●

PALABRAS DE VIDA

"Jesús es la piedra que desecharon los arquitectos y que se ha convertido en piedra angular: ningún otro puede salvar; bajo el cielo no se ha dado otro nombre que pueda salvarnos" (Hch 4, 11-12).

No temo ni me avergüenzo de afirmar que estoy enamorada de Jesús, porque Él lo es todo para mí.

La verdadera vida interior hace que nuestra actividad arda y consuma todo. Me posibilita encontrar a Jesús en el "infierno" de los barrios, en las miserias más deplorables de los pobres, que se identifican con el Dios-hombre desnudo en la cruz.

Cada uno de nosotros es un colaborador de Cristo, un sarmiento de su vid, pero... ¿qué significa para ti y para mí ser colaborador de Cristo? Significa una oportunidad para amar. En la India tenemos un pluralismo religioso muy variado: creyentes no cristianos, personas que practican el hinduismo, musulmanes, budistas, en fin, toda clase de religiones. No obstante, cuando vie-

nen a compartir nuestro trabajo, bien sea para jugar con los niños, bañar a los enfermos, cortar las uñas a los ancianos, darles el alimento..., al marcharse confiesan llenos de emoción: "No sé, no sé cómo agradecerles esta oportunidad para amar."

Un colaborador significa la vida de Cristo que brilla en el mundo de hoy. Pero antes de que puedan vivir esa vida fuera de casa, tienen que vivirla en sus propios hogares. Para ser capaces de amar, hemos de tener fe, porque la fe en acción es amor y el amor en acción es servicio. El amor, nunca me cansaré de repetirlo, comienza en el hogar.

Tenemos que dar hasta que duela.
El amor, para que sea auténtico, tiene que costar.
A Jesús le costó mucho amar.
Hasta a Dios Padre le costó amar.
Tuvo que dar algo muy importante para Él:
su Hijo único. No me gusta que den de lo que les sobra, sino de lo que les hace falta.
Y también les digo: nunca tengan temor de dar, pero no de lo que les sobra:
den hasta que les duela.

Capítulo II

Tú eres precioso para mí

Un segundo aporte que la Madre Teresa lega a nuestro mundo, convulsionado por el cambio de valores, es su profundo respeto por la vida humana. Para ella, cada persona tiene un valor infinito y una dignidad humana suprema.

Su campaña tenaz contra el aborto y a favor de la vida, de toda vida, no tiene otro sentido que su arraigada convicción de que toda vida humana, por muy debilitada que se encuentre, es preciosa a los ojos de Dios. Quiere decir que toda persona tiene un precio invalorable por el mero hecho ser persona, y ese precio se proyecta hasta el infinito por haber sido asumida por Cristo en su encarnación.

La Madre Teresa y sus hermanas sirven al hombre no sólo en atención de su dignidad humana —esto lo hace cualquier trabajador social— sino también por su filiación divina, inserta en todo ser humano. Este servicio es de tal calidad que puede ser encarnado en la más humilde de las tareas. Con mis propios ojos he contemplado la infinita paciencia de una hermana que tardaba más de tres horas para dar el alimento a una niña mongólica. Para ellas el tiempo no cuenta; lo importante es ese soplo de vida que aún alienta en un cuerpo totalmente desfigurado.

Tomar en serio la vida humana de cada hombre significa abstenerse de toda manipulación personal o ajena, de toda acción que ponga en peligro la vida de un ser humano ya viviente. Significa ponerse sin reservas en una actitud de receptividad para con Dios que se entrega a sí mismo a través de la vida de cada persona humana.

En nuestro tiempo, cuando se organiza un vergonzoso tráfico de vientres de alquiler, cuando la manipulación genética llega a experimentos estremecedores, cuando se multiplican los bancos de genes congelados, cuando el negocio de los abortos adquiere cifras escalofriantes, cuando la clonación de animales abre horizontes de vértigo, la Madre Teresa parece decirnos con su voz frágil y extenuada: ¡Alto! ¡Respetemos el misterio de la vida! ¡Abstengámonos de rebasar los límites de la naturaleza humana! ¡Acallemos las alocadas voces de la fantasía! ¡Desistamos de ocupar el puesto de Dios!

Pero no solamente se juega y se manipula con la vida humana en las clínicas médicas y en los laboratorios científicos, sino también en otros ámbitos de nuestra sociedad. Basta con leer los periódicos, mirar los programas de la televisión, asomarnos a la realidad cruda de nuestro alrededor, para darnos cuenta que la vida humana está tremendamente devaluada. La cultura de la muerte hace esfuerzos supremos por dominar el panorama de nuestra sociedad, pretendiendo imponer la ley del más fuerte.

Los odios y las venganzas llevan a cabo, a diario, incalificables genocidios en los países subdesarrollados, en nombre de la primacía de las etnias o, peor aún, en nombre de intereses políticos de países extranjeros. El mismo capitalismo salvaje de nuestros días está produciendo miles y miles de miserables, que no tienen otro horizonte que una muerte segura.

El comercio abominable de las drogas, el no menos pernicioso de la explotación infantil como mano de obra y de placer, los nacionalismos exacerbados y el terrorismo criminal, con sus asesinatos fríamente calculados, todo ello se confabula para suprimir cada día miles y miles de vidas inocentes.

Y no hablemos de las asquerosas clínicas abortivas y de los incipientes centros geriátricos para muertes "asistidas", que abarrotan los cubos de basura con fetos humanos, y las funerarias con cadáveres de ancianos hediondos de morfina.

¿Dónde está el valor de la vida humana, preciosa a los ojos de Dios y a la conciencia humanitaria del hombre? ¿Dónde el respeto a la dignidad que se debe a toda persona, por el mismo hecho de ser persona?

Se me hiela la sangre en el corazón cuando leo cómo las Misioneras de la Madre Teresa recorren las clínicas y hospitales donde se practican abortos, para recoger los fetos aún con vida, y cantarles canciones de cuna, en un gesto de infinita ternura y de amor maternal. ¿Humor negro? No, sencillamente amor apasionado por la vida y por los seres indefensos, víctimas del egoísmo materno y de un negocio mercantil.

Toda vida es sagrada y merece, por tanto, ser respetada por el hombre. Nadie puede arrogarse el derecho de suprimir una vida humana y, mucho menos, cuando esa vida pertenece a un ser inocente. La vida es el mayor regalo de Dios a una persona. Si pertenece a Dios, a nadie le está permitido destruirla, en cualquier momento de desarrollo en que se encuentre.

Cuando en cierta ocasión el periodista Ralf Rolls de la *BBC* de Londres le hizo a la Madre

Teresa una entrevista radiofónica, entre las preguntas estaba ésta:

—Madre Teresa, ¿preferiría usted que el aborto fuera ilegal?

—Yo no quiero hablar de legalidad o ilegalidad. Sólo pienso que ningún corazón humano, que ninguna mano de hombre debería levantarse para suprimir la vida, porque la vida es vida de Dios en nosotros. Y hasta en el feto está la vida de Dios; y nosotros no tenemos el menor derecho de destruir esa vida, cualesquiera que sean los medios empleados para suprimirla. Toda vida debe ser respetada, ya sea de un hombre, de una mujer, de un niño, lo mismo da.

Yo creo en el grito de esos niños que no llegan a nacer porque se los mata antes de que vengan a la luz..., a nuestro mundo. Su grito necesariamente tiene que herir los oídos de Dios

—¿Cómo podría la sociedad hacerse cargo de tantos niños, si todos nacieran? —añadió el periodista.

—Jesús ha dicho que nosotros somos más importantes para su Padre que la hierba, los pájaros y las flores de la tierra; por eso, si Él tiene tanto cuidado de cosas como ésas, que no son más que cosas, cuánto mayor cuidado se tomará por nosotros.

La Madre Teresa asumió desde muy joven el amor y el servicio a toda persona en condiciones de extrema necesidad. Y para ella, amar a una persona significa sufrir por ella y con ella. Comprometerse con la causa del pobre, implica hacerse pobre con él.

Servir al hombre significa para la Madre Teresa asumir la historia humana con la misma seriedad como Dios la asumió, a partir del momento en que nuestra historia y la suya se fusionan en una íntima unidad. Esta fusión se realiza plenamente con la venida de Jesús al mundo.

La Madre Teresa pasará a la historia como la bondad personificada por su esfuerzo constante de servir a los más necesitados. Pero también se la recordará porque asumió siempre, con valentía y coraje, la defensa de la vida y el respeto a la dignidad del pobre en un mundo en el que ambas eran criminalmente atropelladas.

Suena a un cinismo cruel el hecho de que en una sociedad como la nuestra se proclamen, por una parte, los derechos humanos, la paz entre las naciones, la igualdad de oportunidades, la fraternidad universal, mientras que por otra, se sigan cometiendo tantos abusos contra la vida, la dignidad y la integridad de millones de seres inocentes.

Callen las campañas orquestadas a favor de los derechos humanos y dejen hablar a los torturados, a los exiliados, a los atrapados en guerras fratricidas, a los que no les queda ni un hilo de voz para protestar. El silencio de los inocentes es, a veces, más fuerte que las voces clamorosas de los culpables.

Por eso, Madre Teresa, hable de sus descubrimientos personales a esta generación adúltera, y díganos unas palabras de luz y de esperanza:

No necesitamos bombas, ni armas nucleares, ni ejércitos para conquistar el mundo. La única arma es el amor. El amor de Cristo es la respuesta para todos los problemas que hay en el mundo de hoy.

Hoy día hay serios problemas en el mundo y pienso que muchos de ellos tienen su origen el hogar. El mundo sufre mucho por falta de paz. No hay paz en el mundo porque no hay paz en la familia. Tenemos miles y miles de hogares deshechos. Hemos de convertir nuestros hogares en centros de acogida, perdonar sin límites y, así, conseguir la paz.

Creen ustedes que lo social resuelve todos los problemas. Y no es verdad. Lo social, sin más, es insuficiente. Sin amor, no pasa de ser una nueva opresión... No habrá paz sin justi-

cia social. Pero no habrá justicia social sin amor.

Afrontar el problema de la pobreza desde una visión intelectual es no entenderlo. No es por la lectura, ni dando un paseo por lo barrios, ni admirándose o lamentándose, como llegaremos a comprender y a descubrir la realidad del bien y del mal. Tenemos que sumergirnos en ella, vivir dentro de ella, compartirla.

La pobreza espiritual de Occidente es mucho más grave que la pobreza material de nuestras gentes. En Occidente tienen millones de personas que sufren una pavorosa soledad, un vacío de Dios. Se sienten rechazados, no amados.

Hemos sido creados a imagen de Dios, a imagen de Jesús, como seres humanos. Todo hombre ha sido creado para algo grande: para amar y para ser amado. Desde el primer momento, desde el principio de la concepción, hay vida, vida de Dios, vida del Dios viviente. Por eso es tan grave destruir la vida, destruir la imagen de Dios en la vida del niño.

Hoy existe una gran pobreza en las naciones en las que el aborto se ha hecho ley. Porque el aborto no es sino un crimen en el vien-

tre de la madre. La madre teme dar a luz a un niño porque cree que no puede alimentarlo ni vestirlo, y Dios ha dicho que aunque una madre se olvide del hijo de sus entrañas, él nunca se olvidará de ese niño, porque lo lleva esculpido en la palma de su mano. Y a pesar de eso, la madre se olvida de su hijo.

Pienso que hoy día el aborto es el gran destructor de la paz, porque es una guerra directa, una muerte sin atenuantes, un asesinato llevado a cabo por la misma madre.

La Madre Teresa no aprueba los programas de esterilización del gobierno de la India, incluso en las familias de leprosos que, con frecuencia, infectan a sus hijos ya en la misma concepción.

El niño es su única alegría en la vida. El rico tiene otras muchas cosas. Si despojamos los hogares de los pobres de sus hijos, aunque sean hogares de leprosos, ¿quién va a sonreírles y ayudarlos para que se encuentren mejor?

●●●●●●●

PALABRAS DE VIDA

Para mí, la vida es el más bello don que Dios legó a la humanidad. Por eso, pienso que aquellas naciones que destruyen la vida legalizando el aborto y la eutanasia son las más pobres, porque no tienen alimento para un niño más ni hogar para un anciano más. Y, por eso, agregan un cruel asesinato más a este mundo.

La vida de cada ser humano, dado que ha sido creación de Dios, es sagrada y tiene un valor infinito, porque Él nos ha creado a todos nosotros, incluso al niño recién nacido.

Jesús dijo que ante los ojos de Dios somos más importantes que la hierba de los campos y las aves del cielo. Y que si Él cuida de todas estas cosas, mucho más cuidará de su propia vida en nosotros. La vida es el mayor regalo de Dios a los hombres, creados a su imagen y semejanza. La vida pertenece a Dios y no tenemos derecho ninguno para destruirla.

Es maravilloso pensar que Dios ha creado a cada niño, nos ha creado a ti y a mí, y a ese hombre miserable que encontramos en la calle. Ese hombre hambriento, desnudo, ha sido creado a su imagen, para amar y ser amado, no para ser uno más.

Capítulo III

Oración, asignatura pendiente

Carlo Carretto, el gran apóstol de la Acción Católica italiana por los años 40, un buen día, abandonando su incesante actividad apostólica, huyó al desierto en busca de oración y silencio. Él nos dejó escrito:

"Si no puedes ir al desierto, debes hacer un desierto en tu vida. Hacer un poco de desierto, dejar de vez en cuando a los hombres, buscar la soledad para rehacer en el silencio y en la oración prolongada el tejido del alma, todo esto nos es indispensable si queremos atender a nuestra vida espiritual."

Hablar de oración en la vida de la Madre Teresa significa tocar las fibras más íntimas de su personalidad espiritual. Podemos decir que oración y Madre Teresa se identifican. Su vida es una permanente oración y la oración invade por completo todo su ser y obrar. Con frase lapidaria ella afirmó: *"Debemos orar el trabajo."* Y orar el trabajo no es otra cosa que convertir el trabajo en contemplación. Su oración, por tanto, no se reduce a las cuatro horas que pasa diariamente ante el Ser Amado, sino que se prolonga a lo largo de toda la jornada.

Nosotras, nos dice, somos contemplativas, no activas. Nuestra principal ocupación es la oración. Sin ella, nuestra vida carecería de sentido. Las hermanas son simples mujeres, pero son almas de oración. La oración ensancha el corazón, hasta hacerlo capaz de contener el don de Dios. Sin él, no podemos nada.

Todo el mundo se queda admirado de la fuerza espiritual que posee esta mujer incansable. Sus palabras llegan al corazón de sus oyentes como una corriente de luz y de amor. ¿Quién no se ha sentido profundamente conmovido al escuchar su voz firme y segura? ¿Dónde radica la atracción de su mensaje? ¿Por qué es capaz de "tocar" y "abrir" todas las puertas del corazón humano?

Durante muchos años la Madre Teresa guardó celosamente el secreto más íntimo de su vida, hasta que un día resolvió revelarlo:

Alguien preguntará por el secreto de mi vida. Es bien sencillo. Oro y, a través de mi oración, trato de unirme a Cristo por amor. Orar a Cristo es amarlo, y amarlo significa cumplir sus palabras... La oración significa para mí la posibilidad de unirme a Jesús las veinticuatro horas del día para vivir con Él, en Él y para Él. Si oramos, creeremos; amaremos. Si amamos, serviremos.

Ahora ya entendemos por qué sus palabras "tocan" el corazón humano: porque brotan de la oración. Cuando hablamos como profesionales de la religión y hasta de Dios, nuestras palabras caen en el vacío. Sólo si nuestras palabras van impregnadas de amor y de convicciones profundas, caldeadas en el horno de la intimidad divina, encontrarán eco en nuestros oyentes.

*Todas nuestras palabras serán vacías
si no brotan de nuestro interior.
Las palabras que no irradian la luz de Cristo,
aumentan la oscuridad...
La oración, para que sea fructífera,
debe brotar del corazón
y llegar a tocar el corazón de Dios.*

Tatiana Góricheva, convertida a la fe ortodoxa en nuestros días, comenta en su autobiografía *Hablar de Dios resulta peligroso*, la impresión que le causó la emisión de un programa religioso que vio por televisión:

20 de agosto de 1980. He visto por televisión la primera emisión religiosa en toda mi vida. Doy gracias a Dios de que entre nosotros haya ateísmo y no exista "formación religiosa". Lo que hacía aquel hombre en la pantalla era capaz de hacer salir de la Iglesia a muchas más personas que la torpe palabrería de nuestros ateos pagados. Impecablemente vestido, aquel predicador satisfecho de sí mismo tenía que hablar de la caridad. Pero la forma en que se presentaba, excluía por sí sola cualquier posibilidad de predicación. Hasta hubiera impedido una simple conversación con otra persona. Era un actor aburrido, malo, que actuaba con gestos mecánicos y estudiados. Por primera vez comprendí cuán peligroso es hablar de Dios.

Cada palabra tiene que ser una palabra de sacrificio, rebosante de autenticidad hasta los bordes. De lo contrario, es preferible callar.

Nunca se me olvida la anécdota de aquella mamá que vino a comunicarme, estando yo en México, una gozosa noticia: "Padre, mi hijo acaba de recuperar la fe. Se siente creyente." Al preguntarle por el motivo de una conversión tan repentina, la señora respondió: "Ayer, mi hijo acudió a la charla que la Madre Teresa dio en su parroquia y sus palabras le llegaron tan profundamente que recobró la fe."

Las palabras sencillas pero vivenciales de esta mujer de oración, rompieron en un instante el hielo que cubría el corazón de aquel joven, alejado durante varios años de toda práctica religiosa.

Con frecuencia, mucha gente abandona la oración porque "no tiene tiempo", porque "no sabe cómo orar" o porque "no ve ninguna utilidad a la oración".

En el fondo, la condición indispensable, según la Madre Teresa, para poder orar es el silencio interior y exterior. Busquemos, a cualquier precio, la soledad del desierto del corazón y nos encontraremos con el Dios vivo que nos ama y nos espera. La misma invitación la hallamos en el autor, antes referido, Carlo Carretto:

Una hora al día, un día al mes, ocho días al año, o por un período más largo, si es necesario, debes abandonarlo todo y a todos y retirarte a solas con Dios. Si no buscas esto, no te engañes; nunca llegarás a la oración contemplativa.

Pero una de las cosas que más aborrece el hombre de hoy es precisamente el silencio. No aguanta la soledad. Necesita que alguien lo distraiga. Y si está continuamente fuera de sí mismo, ¿cómo podrá encontrarse? ¿Cómo podrá encontrar al Dios escondido que está dentro de su corazón? ¿Cómo escuchar el reclamo de san Agustín: "No salgas fuera, porque la Verdad está dentro de ti"?

La Madre Teresa, como todos los grandes orantes, descubre a Dios en el silencio de su corazón. "Dios ama el silencio", le gusta repetir. Para entrar en comunión con Dios, en diálogo amoroso con Jesús, necesitamos cerrar las puertas de nuestros sentidos y permanecer atentos al suave rumor de su voz.

Si realmente queremos orar, primero tenemos que aprender a escuchar, porque en el silencio del corazón habla Dios. Y para poder captar ese silencio, para poder escuchar a Dios, necesitamos un corazón puro, ya que sólo un corazón limpio puede ver a Dios, puede escucharlo.

Todo el que se sienta incapaz de guardar silencio interior, se incapacita a su vez para la oración. Si no hacemos un espacio a Dios en nuestra vida, ¿cómo podremos dialogar con Él?

Puesto que es difícil orar, debemos buscar ayuda para hacer nuestra oración. El primer medio para poder orar es el silencio... Es imposible ponernos directamente en la presencia de Dios, si no guardamos silencio interior y exterior.

El silencio no da una visión nueva de las cosas. Necesitamos del silencio para poder "tocar" a las almas. Porque lo importante no es lo que nosotros decimos, sino lo que Dios nos dice y lo que dice a través de nosotros. Jesús está siempre esperándonos en silencio. Desde ese silencio, Él nos escucha, habla a nuestro corazón, nos hace oír su voz. El silencio interior es el más difícil, pero hemos de conseguirlo si queremos orar

Como los hombre de negocios ofrecen sus tarjetas a sus posibles clientes, la Madre Teresa también tiene su tarjeta de presentación, que dice así:

El fruto del silencio es la oración.
El fruto de la oración es la fe.
El fruto de la fe es el amor.
El fruto del amor es el servicio.
El fruto del servicio es la paz.

He aquí, brevemente condensada, toda su espiritualidad. La seguidilla se completa naturalmente con este último verso: "Y el fruto de la paz es la felicidad."

Pero una oración que no lleve a la vida, al compromiso con los hermanos, puede convertirse en una oración completamente vacía. Como la fe sin obras está muerta, así la oración sin acción, se vuelve estéril. La oración que no se hace solidaria con el hombre y con sus problemas se vuelve engañosa. De ahí que la Madre Teresa convierte su oración en savia generosa que alimenta su prodigiosa actividad. Por eso cuando le preguntaron de dónde sacaban fuerzas ella y sus hermanas para enfrentar las peores calamidades a lo largo de la jornada, ella contestó:

La encontramos en la oración y en la Eucaristía... La Eucaristía es para nosotras el alimento indispensable de la caridad. Si no amamos a Dios, no podemos amar a nuestro prójimo, y si no amamos a nuestro prójimo, no podemos amar a Dios.

Esta íntima unión entre oración y acción es para ella tan esencial que no duda en afirmar categóricamente:

Es imposible comprometerse en un apostolado directo, si no nos apoyamos en una auténtica oración... Nuestro trabajo no es verdaderamente apostólico sino en la medida en que permitimos a Cristo actuar en nosotros y a través de nosotros, gracias a su poder, a sus planes, a su amor.

El verdadero orante lleva su oración al mundo y los problemas del mundo a la oración. Siguiendo la pedagogía evangélica de Jesús, la Madre Teresa y sus hermanas ensamblan el quehacer diario, dedicando largos espacios a la oración, seguidos de prolongados servicios a los pobres. Todo ello dispuesto en una perfecta armonía.

Sin duda alguna, la "santa" de Kalighat, como la definió hace ya tiempo la revista norteamericana *Times*, atribuye a la oración una fuerza poderosa y no se cansa de recomendarla a todo aquel que quiera emprender la aventura prodigiosa hacia Dios. Releyendo una y otra vez sus palabras, cada día me convenzo más de que la oración es uno de los pilares que mantienen en pie la rica personalidad de esta mujer. En su testamento no escrito, pero sí manifestado muchas veces a través de sus palabras y obras, la oración ocupa un lugar privilegiado en la vida de la Madre Teresa.

• • • • • • •

PALABRAS DE VIDA

Hoy más que nunca, necesitamos pedir luz en la oración para conocer la voluntad de Dios, amor para aceptar esa misma voluntad y el modo de llevarla a cabo en la vida.

Hay muchas personas que no saben, otras que no se atreven y otras que no quieren orar. Pero nosotras, apoyadas en la comunión de los santos, actuamos y oramos en nombre de ellas.

Jesús nos ha dicho que debemos "orar siempre sin desfallecer", esto es, sin cansarnos de repetirla una y otra vez. Igualmente san Pablo nos invita a "orar sin descanso". Dios llama a todos los hombres a conseguir esta disposición del corazón, a orar siempre. Hagan todo lo posible para que el amor de Dios tome posesión completa de su corazón, que la oración llegue a constituir algo connatural a su corazón.

El fallo y la pérdida de la vocación muchas veces proviene del olvido de la oración. Como la oración es el alimento de la vida espiritual, su olvido produce la anemia de esa vida espiritual. De esta forma, la pérdida de la vocación es inevitable.

Es difícil orar si no sabemos cómo hacerlo. Pero el hecho de que sea difícil no nos dispensa de esforzarnos por orar. El primer medio que debemos utilizar es el silencio. Las almas de oración son siempre almas de profundo silencio. No podemos ponernos en la presencia de Dios, sin antes guardar silencio interior y exterior. Así, pues, en nuestra oración es imprescindible observar silencio de mente, de ojos y de lengua.

La oración perfecta no consiste en utilizar muchas palabras, sino en el fervor y en el deseo de unirnos a Jesús. Él nos ha elegido para ser hombres de oración. El valor de nuestras acciones está en proporción a la oración que ponemos en ellas. Nuestra oración es fructífera en la medida que brota de un corazón ardiente.

Fijemos nuestra mirada en Jesús;
así, trabajando con Él,
todo lo que hagamos nos resultará mejor.

Capítulo IV

Pobreza es libertad

Nuevamente la Madre Teresa nos sorprende con esta extraña afirmación: "Pobreza es libertad y riqueza es esclavitud." Por eso el esclavo canta libertad y el hijo amor. Hay pues dos caminos de convertirse en esclavos: la esclavitud impuesta por los hombres y la esclavitud del que se somete a la dictadura de los bienes materiales. Como también hay dos formas de ser pobres: los que nacen pobres y sufren la pobreza contra su voluntad y los que eligen ser pobres voluntariamente.

Los primeros, con frecuencia, maldicen su penosa situación como un castigo inmerecido; los segundos la bendicen como un privilegio del Señor. Dos actitudes opuesta frente a una misma realidad. Para la Madre Teresa, su pobreza es totalmente voluntaria:

Nuestra pobreza es nuestra mejor defensa. Pero una pobreza que nosotras hemos elegido voluntariamente, mientras que los pobres la sufren. Para comprender a los pobres, hay que vivir como ellos... A pesar de ese rigor, o quizá a causa de él, se nos abren manos y cora-

zones por todas partes. El bien es más contagioso que el mal.

Ante las críticas de algunos por el régimen tan severo en el que viven ella y sus hermanas, Madre contesta:

Nosotras hemos elegido la pobreza. Ésa es la diferencia entre nosotras y los pobres. Porque estamos convencidas de que la pobreza nos acercará más a nuestra gente pobre. ¿Cómo podríamos ser leales a ellos y llevar otra vida distinta a la que llevan ellos? Si tenemos todo lo que el dinero puede comprar, todo lo que el mundo puede dar, entonces, ¿cómo sería nuestra relación con los pobres? ¿Con qué lenguaje les hablaríamos? Así, cuando la gente me dice que hace mucho calor, puedo decirles: vengan y vean mi cuarto.

La pobreza de la Madre y sus hermanas raya en el heroísmo. Cuando uno conoce por dentro sus modestísimas viviendas, su comida frugal a base de arroz y legumbres, su carencia total de útiles personales, empieza a cuestionarse la vida semiburguesa que arrastran muchos de sus colaboradores.

En 1965 llegó un equipo de cuatro hermanas a Cocorote, Venezuela, para fundar la primera Casa fuera de la India. En San Felipe, fueron recibidas por un grupo de señoras, la mayor parte de ellas, esposas de ejecutivos petroleros. Con gran esfuerzo y sacrificio, aquellas primeras colaboradoras lograron equipar una casita para las hermanas, con las mínimas comodidades de una casa de familia. Pasada la primera noche, las señoras fueron a saludar a las hermanas y a preguntarles por su descanso. Al entrar en la casita quedaron mudas de asombro por lo que contemplaban sus ojos. Allí, en el pequeño patio interior de la vivienda, estaban amontonados los colchones, las cobijas, la cocina de gas, las sillas, la pequeña heladera y un sin fin de utensilios domésticos.

Ante la pregunta obligada: *"Hermanas, ¿es que no les gustan nuestros muebles y electrodomésticos?"*, la hermana superiora contestó: *"Sí, nos gustan muchísimo, pero nosotras no podemos utilizarlos porque los pobres carecen de todas estas cosas y nosotras tenemos que vivir como ellos."*

Sus viviendas son sencillas y modestas, en ellas los pobres se sienten como en su casa. No tienen ni radio ni televisión, carecen de lavadoras y heladeras, duermen en dormitorios comunes y, de adorno, un Cristo colgado en la pared y una imagen de María presidiendo el pequeño co-

medor. Como vestido, dos saris blancos de algodón, a veces remendados, que se los cambian diariamente.

Desde esa pobreza evangélica se les hace mucho más fácil escuchar el grito de Cristo en los
pobres: "tengo hambre, tengo sed", y sentirse totalmente libres para un servicio de por vida a los
más pobres y necesitados.

La Misioneras de la Caridad consideran como
un auténtico privilegio servir a Cristo en los "disfraces sufrientes" de los pobres, haciéndolo con
profunda gratitud, ya que los pobres, aceptando
su humilde servicio, hacen posible su existencia
como mensajeras del amor de Dios.

*Los pobres muestran fe y paciencia en su su-
frimiento... y nosotras hemos sido privilegia-
das al poder servir a Dios sirviéndolos a ellos.
Podemos consolar a Cristo que se esconde en
cada pobre, a Cristo que sufre en sus hermanos. Para servir bien a los pobres, tenemos que
comprenderlos. Y para comprender su pobreza,
tenemos que sentirla en carne propia. Al trabajar con ellos, terminamos identificándonos con
ellos. Nuestras hermanas tienen que sentir como
ellos sienten, sentir su pobreza ante Dios, saber
lo que es vivir sin seguridad alguna, dependien-
do sólo de Dios para afrontar el mañana.*

Y en otra ocasión la Madre comentaba a sus hermanas:

Cuán agradecidas debemos estar para con nuestra Congregación por darnos la oportunidad de ser pobres. Debemos ser pobres. Desprendernos de todo... En cierta ocasión, estando en la Casa Madre, las hermanas me pidieron que les hablara de la pobreza. Entonces les dije: Muy bien, vayan y revisen entre sus cosas, sus libros, sus vestidos y vean de todo ello qué es lo que no necesitan. Y todo lo que les estorbe para vivir en total pobreza, tráiganlo y pónganlo encima de mi cama. Cuando regresé de la calle, observé que mi cama estaba llena de pequeños recuerdos personales.

Para la Madre Teresa, pobreza significa vivir la bienaventuranza de los pobres. Es amar a Jesús pobre, aceptar no poseer nada que pueda herir los sentimientos de los pobres.

Jesús pudo haber sido rico, ya que no tenía necesidad de limitar sus deseos. Sin embargo, quiso ser pobre para compartir la condición de los pobres, para sufrir en carne propia la carencia de algo, para experimentar la dureza de la realidad que pesa sobre el hombre que busca su pan y siente la inestabilidad angustiosa del que nada posee. Ésta es la pobreza auténtica que, sufrida por amor, se convierte en la bienaventuranza del Evangelio.

Resulta demasiado fácil hablar de pobreza espiritual, llenarnos la boca de bellas palabras sobre la pobreza y, al mismo tiempo, no carecer de nada, tener casa segura, despensa bien provista y tal vez cuenta corriente en el banco.

Afrontar el problema de la pobreza, nos dice la Madre, *desde una visión intelectual es no entenderlo. No es por la lectura, ni dando un paseo por los barrios, ni admirándose o lamentándose, como llegaremos a comprender y a descubrir la realidad del bien y del mal. Tenemos que sumergirnos en ella, vivir dentro de ella, compartirla.*

En cierta ocasión escuché que se iba a dar una conferencia de alto nivel sobre "El hambre en el mundo y sus graves consecuencias". Como me hallaba de paso en aquella ciudad, fui invitada a participar en la misma. Por motivos ajenos a mi voluntad, equivoqué el camino y no acerté a llegar a la hora al lugar de la conferencia. Después de varios intentos, logré dar con la dirección correcta, pero ignoraba que me esperaba una gran sorpresa. Allí, jun-

to a la sede de la conferencia, había un hombre que se moría de hambre. Lo recogí rápidamente y lo llevé a la Casa de las hermanas Todos los intentos por rehabilitarlo fueron inútiles. El hombre murió. Reflexioné y me dije: más de mil personas escuchaban una hermosa conferencia sobre el hambre y allí, a pocos metros, un hombre agonizaba por falta de alimento.

"La riqueza es como el veneno lento que anestesia el alma, paralizándola en el momento exacto de su madurez. Vienen a ser las espinas que crecen junto con el trigo y lo ahogan precisamente cuando empieza a granar. No se puede llegar a la intimidad de Jesús en Belén, con Jesús desterrado, con Jesús obrero de Nazaret, con Jesús apóstol que no tiene donde reclinar la cabeza, con Jesús crucificado y muerto desnudo en la cruz, sin haber realizado en nosotros ese despojo de las cosas, tan solemnemente proclamado y vivido por Él" (Carlo Carretto).

Pobreza es libertad, pobreza es alegría, repite insistentemente la Madre Teresa. Porque a pesar de la vida tan austera que llevan, nunca se ha visto mujeres tan felices y alegres como ellas. Es la alegría de sentirse libres para servir. Esa alegría se transparenta no sólo en sus rostros sino en lo más profundo de su ser.

Debemos sentir la alegría de la pobreza. La pobreza debe convertirse en alegría porque nos lleva a la libertad. Por eso yo llamo a la pobreza: libertad, no sacrificio. No puedo tener esto, no puedo tener aquello. ¡No! Puedo tenerlo todo. Puedo pedirlo todo, pero no lo necesito. Lo único que necesito es ser libre para servir.

Cuando tengo que elegir, escojo lo más barato, no lo más caro. Aquí está la alegría de ser pobres. Pero esto hay que experimentarlo. Por mi parte, ya he tenido la experiencia de sentirme feliz en medio de la pobreza. Por eso puedo mirar de frente y hablar de todo esto. Traten de experimentar la alegría de la pobreza, porque la pobreza es libertad.

Para la Madre, Jesús es el modelo acabado de vida pobre y sencilla. Y no sólo por haber realizado el hecho asombroso de haber asumido nuestra naturaleza humana, sino porque toda su vida estuvo marcada con el signo de la pobreza. Jesús nace pobre, vive pobre y muere desnudo en una cruz. Su cuerpo es depositado en un sepulcro prestado.

Este misterio de Jesús que, pudiendo haber seguido un camino de bienestar, eligió una vida de privaciones y de pobreza, caló muy hondo en el corazón de la Madre Teresa. Por asemejarse a Jesús, por seguir sus huellas, también ella adopta una vida de austeridad y renuncia.

Puedo mirar a Jesús de frente, ya que mi pobreza se parece a la suya. Él no tenía nada. Su Madre le hacía la ropa. Leemos en el Evangelio que "se dividieron su túnica", la que su Madre le había hecho. La única que Él tenía. Una sola. Nosotras, al menos tenemos dos. ¿Ven ustedes, hermanas, como Jesús vivió una auténtica y real pobreza? Si ustedes vieran su pequeña casa de Nazaret, se sorprenderían de que el Hijo de Dios viviera en aquella casita durante treinta años. Nada había allí de especial. Por lo tanto, esto es lo que tenemos que valorar, la alegría de la pobreza. La pobreza es nuestra mejor defensa. Es como un escudo que protege nuestra obediencia y nuestra castidad. A veces las riquezas del mundo destruyen nuestra castidad.

En el fondo, la filosofía de Madre Teresa sobre los bienes de este mundo nos está planteando el problema de qué cosas son necesarias para ser feliz en esta vida. Pienso que mucho de lo que nos rodea, a lo que tal vez estemos apegados, no nos reporta satisfacción alguna. Podríamos vivir muy bien sin esas cosas inservibles, que más bien nos estorban para la auténtica felicidad.

Se cuenta del gran filósofo ateniense, Sócrates, que de vez en cuando iba al mercado de la ciudad y, puesto en pie frente a los estantes atiborrados de mercadería, decía con voz solemne: "Cuántas cosas no necesito." Una toga raída, un puñado de higos pasos y un poco de agua era todo lo que necesitaba para ser un hombre libre y feliz. Y la pitonisa de Delfos había declarado que Sócrates era el más sabio de los hombres.

Lo mismo sucedió a san Francisco de Asís cuando fundó la Congregación de los Frailes Menores, allá por el siglo XIII. Ningún obispo quería aprobar sus Constituciones porque en ellas se ordenaba que los frailes no podrían tener bienes de este mundo y menos acumular riquezas. Tendrían que vivir una estricta pobreza.

Ante esta negativa por parte de los obispos, san Francisco se dirigió a Roma con siete de sus primeros compañeros e hincándose ante el Santo Padre le manifestó: "Santidad, si las alondras del cielo son felices con unas cuantas bayas y un sorbito de agua que toman cada día, ¿por qué nosotros no podemos ser igualmente felices con unos cuantos mendrugos de pan que podamos recibir de la gente?"

No se puede asumir la causa de los pobres si no nos comprometemos con su realidad por dura que ésta sea. De ahí que la Madre Teresa y sus hermanas se hacen hambrientas con los hambrientos, leprosas con los leprosos, sidosas con lo que enfermos de sida "para ganárselos a todos".

Las he visto en las altiplanicies andinas, a más 4.000 metros de altura, ateridas de frío entre los aymarás y los quechuas; las he sorprendido en los barrios pestilentes de Lima, en las favelas violentas de Río, en los peligrosos ranchos de Caracas. No es fácil asumir tanta miseria bajo el sol con una sonrisa perenne en sus rostros y en el corazón.

Recuerdo que en febrero de 1996, al llegar a Juli, Perú, poblado a 4.500 metros de altura a orillas del mítico lago Titicaca, encontré una pequeña comunidad de cuatro hermanas, enfundadas en sus ruanas de pelo de vicuña. Llevaban sólo diez meses en aquella localidad y ya la gente las había bautizado como las "palomas mensajeras".

El sacerdote del pueblo había profetizado que aguantarían como máximo dos meses, dadas las terribles inclemencias del tiempo y lo inhóspito del lugar. En el mes de mayo comenzaron a visitar los hogares a pesar de la fuerte desconfianza de los nativos. Poco a poco se fue rompiendo el hielo y con una pequeña imagen de María, como señuelo, y el rezo del rosario, la fe de aquellos indios campesinos comenzó a avivarse.

El último día de mayo, las hermanas pidieron al sacerdote que celebrase una misa como final del mes mariano. El padre, un tanto escéptico, se negó a satisfacer los deseos de las hermanas. "Miren, hermanas, comentaba el párroco; a duras penas podemos los domingos reunir media docena de feligreses y ustedes quieren una misa entre semana. Están ustedes locas, fuera de la realidad."

Ante la insistencia de las religiosas, el padre accedió a celebrarles la misa, protestando que estarían él y las cuatro hermanitas. Llegado el día 31, el sacerdote abrió la iglesia y se ausentó para cumplir compromisos en otra localidad. Por la tarde, al entrar en la iglesia se quedó mudo de estupor. El recinto sagrado estaba totalmente abarrotado de cholitas y gentes del lugar. Nunca en sus 28 años de párroco había visto nada semejante.

Cuando el padre se dirigió a la concurrencia dijo entre sollozos: "Ahora sí creo en la bondad y en la eficacia de estas santas hermanas." Desde aquel momento el sacerdote se convirtió en el colaborador incondicional de las hermanas, apoyándolas en todas sus actividades.

Conocer la vida de estas hermanas, que tienen como guía a la Madre Teresa, su absoluta pobreza y entrega incondicional a los pobres sigue siendo cuestionador para la falta de radicalidad evangélica de muchos cristianos conformistas.

Pienso que el aporte de la Madre Teresa a nuestro mundo y a nuestra Iglesia en este tema de la pobreza está precisamente en la radicalidad con la que ella ha asumido este valor evangélico y en la forma de vivirlo hasta las últimas consecuencias.

En un mundo en el que el hombre está obsesionado por los ídolos del tener, del placer y del poder, la Madre y sus hermanas han elegido un camino totalmente opuesto. El camino de la pobreza extrema, se constituye en un signo de los tiempos. Lo que en el siglo XIII fue san Francisco para la sociedad de su tiempo, es ahora esta mujer para el hombre de hoy: un signo, una llamada de atención.

Los que llegaron a la Casa Madre, en Calcuta, hasta la oficina de esta mujer extraordinaria, encontraron un cuarto despojado, una estera en el suelo y una vieja máquina de escribir sobre un modesto escritorio.

—¿Esto es todo?, le preguntaron extrañados.

—*Esto es todo, sí,* asintió la Madre. *¿Qué esperaban encontrar? Un teléfono, una heladera, un aparato de aire acondicionado, un fax, una computadora, un televisor, un... Nada de eso,* continuó. *Mis pobres no lo tienen, y yo tampoco debo tenerlo.*

PALABRAS DE VIDA

Madre Teresa, háblenos de los ricos, le insinuaron en cierta ocasión, ¿qué piensa de ellos?

Es paradójico. Creo que la persona apegada a la riqueza, que vive preocupada por la riqueza, en realidad es muy pobre. Si esa persona pone su dinero al servicio de los pobres, entonces pasa a ser muy rica, riquísima...

Entonces, ¿cómo encuentra a los ricos?

Hallo a los ricos mucho más pobres que los mismos pobres. A veces están solos por dentro. Nunca están satisfechos. Siempre necesitan algo más. No digo que todos sean así. Cada uno es distinto. Encuentro a esa pobreza muy difícil de eliminar. El hambre de amor es más difícil de remediar que el hambre de pan.

No es pecado ser rico, siempre que haya una razón por la cual algunas personas puedan darse el lujo de vivir bien, siempre que sea el fruto de su trabajo. Pero el riesgo que se corre es que la riqueza provoque avaricia, pues la avaricia engendra el pecado. Toda riqueza es un don de Dios, y es nuestra obligación compartirla con los menos favorecidos.

El dinero sólo sirve para comprar cosas materiales, como alimentos, ropas y vivienda. Pero se necesita algo más. Hay males que no se pueden curar con dinero... sino sólo con amor.

Capítulo V

Amar hasta que duela

Una de las afirmaciones que más llama la atención en las enseñanzas de la Madre Teresa es aquella que dice: "Hay que amar hasta que duela." Con ella quiere significar que el amor, para que sea auténtico, tiene que pasar por el crisol del sufrimiento. Fue san Pablo el primero que intuyó esta íntima conexión entre amor y dolor, entre sufrimiento y salvación, aludiendo al sacrificio redentor de Cristo: "Sin derramamiento de sangre, no hay salvación."

Esta conexión entre amor y sacrificio muy pronto fue asumida por la Madre Teresa hasta tal punto que la colocó como uno de los pilares de su espiritualidad

Sin nuestro sufrimiento, nuestro trabajo no sería más que una asistencia social, muy positiva, sin duda, pero no constituiría el trabajo de Jesucristo, no sería parte de la Redención. Jesús quiso salvarnos compartiendo nuestra vida, nuestra soledad, nuestra agonía y nuestra muerte, todo cuanto Él ha sufrido y lleva-

do sobre sus hombros, hasta la noche más oscura. Sólo siendo uno con nosotros, nos redimió.

Nosotros podemos hacer lo mismo. Toda la desolación de la gente pobre, no sólo su pobreza material, sino también su desolación espiritual, debe ser redimida. Nosotras tenemos que compartir con ellos sus sufrimientos, porque sólo siendo parte de los que sufren, podemos redimirlos, podemos llevarlos a Dios y hacer que Dios entre en sus vidas.

Debemos dar aquello que nos cuesta algo. Así no estaremos dando simplemente cosas de las que podemos prescindir, sino cosas de las que no podemos o no queremos prescindir. Es entonces cuando nuestra donación se convierte en un sacrificio y tiene valor ante Dios. Todo sacrificio es útil si se efectúa por amor.

Este dar hasta que duela, ese sacrificio, es también lo que yo llamo "amor en acción". Todos los días constato ese amor, tanto en los niños como en hombres y mujeres. Recientemente se casó aquí (en Calcuta) una joven pareja. Decidieron hacer una boda muy sencilla. Ella llevó un sari liso de algodón y sólo estuvieron presentes los padres de ambos; luego me donaron el di-

nero que les habría costado una gran ceremonia matrimonial según el rito hindú. Así compartieron su amor con los pobres. Cosas así suceden todos los días.

Ante la pregunta de un periodista que le argumentaba: "¿Cómo puede un Dios misericordioso permitir semejantes sufrimientos, niños que se mueren de hambre, gentes que perecen en terremotos...? ¿Qué me puede decir de esto?"

—... *Todo ese sufrimiento...,* murmuraba la Madre... *¿Dónde estaría el mundo si no existiera? Es el sufrimiento de los inocentes, es el mismo sufrimiento de Jesús. Él sufrió por todos nosotros y el sufrimiento inocente se suma al suyo en la tarea de la redención. Es una co-redención que ayuda a salvar al mundo de males peores.*

Como existe solidaridad en el amor, también es necesario que exista solidaridad en el dolor. La Madre Teresa está totalmente convencida de esto: si no se comparten los sufrimientos de los pobres, es imposible redimirlos de su penosa situación.

Cristo, cuando por amor quiso salvar al hombre, no lo hizo a distancia, desde su condición divina, sino que "tomó la condición de siervo" y asumió en su persona todos los sufrimientos de la humanidad hasta convertirse en un proscrito.

La Pasión de Cristo sigue presente en la pasión de los pobres, ya que este mundo, en frase de la Madre Teresa, es un "calvario abierto" donde sigue consumándose día a día la redención humana.

Muchas veces me pregunto qué sería del mundo si tanta gente inocente no estuviera sometida a los sufrimientos que soporta. Son los pobres quienes interceden por nosotros y, con su inocencia, nos alcanzan el beneplácito de Dios.

Un amor que no está dispuesto a compartir los sufrimientos con la persona amada, en el fondo no es más que un egoísmo disfrazado. "Hay que amar hasta que duela", nos repite incansablemente esta mujer clarividente porque el dolor es la prueba del verdadero amor. Dime cuanto sufres y te diré cuanto amas. Sin embargo, el dolor por sí mismo, independiente del amor, conduce al masoquismo o a un orgulloso estoicismo. Para que el dolor sea fuente de alegría y de salvación, hemos de referirlo siempre a la Pasión de Cristo.

El sufrimiento en sí mismo no es nada, no puede traer alegría. Pero compartido con la Pasión de Cristo es un don maravilloso. El regalo más

bello que ha recibido el hombre es poder com-
partir la Pasión de Cristo. Sí, es un don y un sig-
no de su amor. Porque así es como el Padre dio
prueba de su amor por el mundo: dándonos a su
propio Hijo para que muriera por nosotros.

Es un principio teológico que "lo que no se asume, no se redime". Solamente los que son capaces de bajar al infierno de la desesperación de los pobres, podrán sacar de la miseria material y espiritual a esos marginados.

La Madre Teresa con sus gestos de solidaridad en favor de los pobres del mundo, sin duda alguna está haciendo mucho más por ellos que todos los planes juntos de las naciones en vías de desarrollo. Porque como hemos escuchado anteriormente:

Afrontar el problema de la pobreza desde una
visión intelectual es no entenderlo. Porque no es
por la lectura, ni dando un paseo por los barrios,
ni admirándose o lamentándose, como llegamos a
comprender y a descubrir la realidad del bien y del
mal. Tenemos que sumergirnos en ella, vivir dentro
de ella, compartirla.

Y continúa recordándonos esta mujer, profeta de nuestro tiempo:

Nunca podremos comprender ni ayudar efi-

cazmente a los necesitados, a no ser que viva-
mos como ellos. La diferencia entre nuestra
pobreza y la suya radica en que ellos han sido
forzados por las circunstancias a ser pobres,
mientras que nosotras nos hacemos pobres por
propia decisión. Si no estuviéramos convenci-
das de que dentro de esos despojos humanos
se oculta el rostro de Cristo, nuestra vida se
nos haría imposible.

La cultura occidental sigue esforzándose en ocultar el dolor y ofrece una vida llena de felicidad y de goce material. Pero cuando cree haberlo conseguido, surgen nuevas fuentes de dolor y de sufrimiento que acaban con el mito del "hombre feliz". ¿Qué son los flagelos de las drogas, del sida, del terrorismo sino crueles bofetadas contra la ingenua aspiración de forjarse una sociedad feliz?

El dolor es inseparable del hombre y lo seguirá siendo, como la sombra sigue al caminante. No hay Paraísos terrenales y, si alguna vez el hombre llega a crearlos, pronto se derrumbarán como un castillo de naipes.

Entonces, ¿no hay solución para el sufrimiento de los inocentes? ¿Tampoco para el dolor de la humanidad? Pienso que la única vía posible está en asumirlo con serenidad y con amor; hacerle sitio en nuestro hogar y en nuestro corazón hasta que traspasemos el umbral de esta vida mortal. Cristo, ideal de la humanidad, no lo rechazó, sino que lo supo acoger con serenidad y con amor. Solamente pudo superarlo en el día glorioso de su resurrección.

Pero como el hombre de hoy rechaza los "mitos" del pasado porque ha perdido la fe y la esperanza, esa solución de la vida futura le parece inadmisible. Paradójicamente seguirá, en una alocada carrera, persiguiendo una ansiada felicidad, creando al mismo tiempo nuevos sufrimientos con la ilusión de estar construyendo un mundo feliz. De ilusiones también se vive...

La Madre Teresa dice algo más. El dolor es un don de Dios, es el don más bello que una persona puede recibir. Descubrir el dolor como un regalo de Dios viene a ser la más alta sabiduría a la que el hombre puede aspirar. Encontrar a Dios en la cruz, alegría en el dolor y serenidad en la prueba nos convierte en corredentores de nuestros hermanos, identificándonos con el que por nosotros murió en la cruz.

El amor auténtico duele. Jesús, para demostrarnos su amor, murió en la cruz. La madre, al dar a luz a su hijo, también tiene que sufrir. Si se

aman unos a otros, en ese amor mutuo, estará
también presente el sacrificio.

Alguien dijo con notable intuición: "Lo mejor de mi vida es el dolor." Porque el dolor ayuda al hombre a madurar, a forjarse un carácter recio y una fuerte personalidad. El que nunca ha sufrido en la vida, sucumbe ante el menor contratiempo. En cambio, el que se ha forjado en el yunque de la vida, a base de dificultades y contratiempos, está mejor preparado para superar todas las tormentas que puedan sobrevenirle.

• • • • • • •

PALABRAS DE VIDA

Cristo sufrió. Vivió la pobreza, fue objeto de celos y de envidia, fue rechazado, ridiculizado, humillado. Sufrió torturas y, finalmente, fue crucificado.

Pero Cristo también sabía de amor, de bondad, de compasión y de simpatía. Amó hasta el dolor. Comprendía la soledad y la desesperación, llevando su amor doliente hasta las últimas consecuencias.

Cristo nos amó y fue tan herido por ese amor, que se convirtió en el Pan de Vida, para que todos podamos tener parte de Él, incluso el niño más pequeño.

Hemos de crecer en el amor; para ello debemos amar constantemente, y dar y seguir dando amor hasta que nos duela, tal como lo hizo Jesús. Hacer cosas ordinarias con un amor extraordinario: llevar a cabo cosas pequeñas como cuidar a los enfermos, a los indigentes, a los solitarios y a los marginados, lavar y limpiar para ellos.

Una de las voluntarias que trabaja en uno de

los Hogares de San Francisco, nos brinda su experiencia de cómo vivió un amor sacrificado:

Lo que yo entiendo por amar hasta que duela es amar aunque no entendamos la situación, a las personas o cualquier otra cosa. No obstante, resulta más sencillo decirlo que hacerlo, aunque hay períodos de tiempo en que soy capaz de conseguirlo. Por otra parte, el resultado de intimar con las personas era que, cuando fallecía alguno de ellos, se me hacía muy duro de soportar. No quería volver al hogar... Las hermanas comprendían mi situación, sin juzgarme ni condenarme. Se limitaban a comentar: "No pasa nada, vuelve cuando quieras."

Capítulo VI

Sólo el amor salva

"Al atardecer de tu vida, te examinarán de amor", nos recuerda el gran místico español san Juan de la Cruz. Porque, en definitiva, el amor es el que justifica nuestras acciones y la falta de amor lo que las condena.

Para la Madre Teresa, como para su homónima la Carmelita de Lisieux, el amor lo es todo. El amor es la fuerza que mueve al mundo, la energía que impulsa a los miembros de la Iglesia, el fuego que purifica lo que hay de pervertido en el corazón. Para ella, el más pobre todos no es quien carece de bienes materiales, sino quien está incapacitado para amar, ya que el hombre ha sido creado para amar y ser amado.

Cuando alguien preguntó a la Madre sobre su testamento espiritual y sobre qué mensaje dejaría al mundo antes de abandonarlo, ella contestó con tono grave:

Ámense los unos a los otros, como Jesús los ha amado a cada uno de ustedes. No tengo nada que añadir al mensaje que Jesús nos ha transmitido. Para poder amar, hay que tener un corazón limpio, hace falta orar. El fruto de la oración nos lleva a la profundización de la fe; el fruto de la fe es el amor y el fruto del amor es el servicio al prójimo. Y esto nos conduce a la paz.

Esta mujer fuera de serie se ha percatado una y mil veces que en el fondo de todo problema humano, en la raíz de todo conflicto social hay una falta de amor. El joven que se refugia en las drogas, el papá que abandona inesperadamente el hogar, el hombre que se hunde poco a poco en la bebida, la mujer que busca en la prostitución una salida al vacío de su vida, en el fondo, todos están gritando la falta de amor que hay en sus corazones.

Hoy día hay serios problemas en el mundo, y pienso que muchos de ellos tienen su origen en el hogar. El mundo sufre mucho por falta de amor y de paz. No hay paz en el mundo porque no hay paz en la familia. Tenemos miles y miles de hogares deshechos. Hemos de convertir nuestros hogares en centros de acogida, perdonar sin límites y así conseguir la paz.

Hagan de su casa, de su familia, otro Nazaret, donde reinen el amor, la paz, la alegría y la unidad, ya que el amor comienza en el hogar. Deben empezar por allí y hacer de su casa un centro de amor. Sean una fuente de eterna felicidad para su esposa, su marido, para sus hijos, su abuelo y su abuela, para todo el mundo que entre en contacto con ustedes.

La gente en el mundo puede aparecer diferente, tener distinta religión, educación o posición social. Pero en el fondo todos necesitan lo mismo. Todos quieren ser amados. Todos tienen hambre de amor. La gente que encontramos en las calles de la India o en Hong Kong tal vez tenga hambre física, pero la gente que circula por las de Londres o Nueva York también padece de un hambre que debe ser satisfecha. Todo el mundo necesita amar y ser amado.

El hombre ha sido creado para amar y ser amado. Si no satisface esa necesidad, será un eterno insatisfecho. Remontarse a la fuente del amor significa llegar a la plenitud del amor que es Dios. Dios es amor y en nosotros se encierra una chispa de ese horno encendido que es Dios. El amor, por lo tanto, nos asemeja a Dios, y donde hay amor, hay alegría, paz y felicidad.

El amor, en palabras de la Madre Teresa, es un fruto siempre maduro, que se cosecha en toda estación. Está al alcance de todos y nadie debe sentirse imposibilitado para amar.

El amor es un fruto maduro en todas las estaciones, está al alcance de todas las manos. Se deja tomar por todos y no conoce barreras. Todos pueden alcanzar el amor por la meditación, el espíritu de oración, el sacrificio, y la profundidad de la vida interior.

No hay ninguna otra fuerza que pueda salvar al hombre porque "tanto amó Dios al mundo que entregó a su Hijo para que el mundo se salvara por él". Y si todo amor es salvífico, lo que destruye al hombre es la falta de amor, el egoísmo que engendra muerte y destrucción.

Para salvar al hombre hace falta que otros hombres elijan un camino de amor. Hombres que lo den todo, sin reservarse nada para sí, como lo hacen las Misioneras de la Caridad.

Así lo canta la canción popular: "Amar es entregarse, olvidándose de sí, buscando lo que al otro pueda hacerlo feliz." Si amas, si te das, te enriquecerás a ti mismo. Porque el amor engrandece infinitamente a quien ama, a quien se da, puesto que al desprenderse de sí mismo, descubre a los demás y participa en la plenitud del amor.

El falso amor, el egoísmo, conduce a la frustración de las personas, al envejecimiento progresivo y, en definitiva, a la muerte.

A veces nos hacemos la ilusión de que amamos a los demás dándoles cosas, dinero, un apretón de manos, inclusive, nuestro tiempo, Nos equivocamos. Amar no es dar cosas, sino darse uno mismo. Amamos si nos entregamos sin reserva a los demás. Cristo es quien más nos ha amado. No tanto porque sintiera un afecto sensible hacia nosotros, sino porque fue quien más nos dio, al entregarse totalmente por nosotros.

La personas más pobres no son las que menos tienen, sino aquellas que, aunque sean ricas materialmente, están imposibilitadas para el amor.

Nuestro trabajo, confiesa la Madre Teresa, *se reduce sencillamente a expresar en nuestras vidas el amor que tenemos a Dios. Ese amor se lo damos a los pobres y así los pobres se convierten en destinatarios de nuestro amor por Dios.*

Queremos que los pobres sepan que hay personas que los aman de verdad. Han vivido como animales. En nuestras casas vuelven a encontrar su dignidad de hombres y mueren en un silencio impresionante... Dios ama el silencio.

El amor de la Madre Teresa es tan vigoroso que ve al prójimo más valioso aún de lo que es... Ella ha creído en el amor y lo ha hecho nacer allí donde no existía. Ha generado esperanzas allí donde parecía que todo estaba perdido. Ha derribado barreras de odio, de incomprensión, allí donde los hombres se habían declarado enemigos.

¿Qué es lo que más necesita el hombre de hoy? La Madre Teresa no duda en contestar: amor. Pero un amor lleno de ternura, un amor que lleve hasta el sacrificio, hasta que duela. El amor es lo único que puede dar respuesta a la soledad y a la pobreza.

La gente está necesitada de amor en todas partes. En Calcuta, los pobres sufren de pobreza y abandono, en los países de Occidente, que no tienen problemas económicos, sufren de soledad, de desesperación y de odio.

El amor puede ser mal entendido y convertirse fácilmente en egoísmo. Puedo decirle a una persona que la amo y, a la vez, tratar de obtener de ella el mayor provecho posible. Eso no es amor verdadero. Por el contrario, el amor verdadero duele, ya que exige sacrificio por la persona amada. El que no esté dispuesto a sacrificarse por la persona que ama, nunca entenderá lo que es el amor. La avenida del amor tiene una única dirección. Siempre indica hacia los demás, nunca hacia sí mismo.

• • • • • •

PALABRAS DE VIDA

No sé qué sucedería con el mundo, si no existiesen gentes importantes que sufren continuamente y soportan el dolor con dignidad y con amor. Aquel moribundo que decía a una de las hermanas: "Me voy a la casa de Dios", no acusaba a nadie, no se quejaba de sus molestias, solamente decía: "Me voy a la casa del Padre." Después cerró los ojos y marchó a la casa del Padre. Sí, tan sencillo y tan hermoso.

Todo aquel que quiera imitar a Jesús hasta el final, deberá también tomar parte en su Pasión. Debemos tener el coraje de pedir a Jesús que nos dé fuerzas para aceptar el sufrimiento. Vemos solamente el aspecto humano del sufrimiento, porque no oramos lo suficiente. Rara vez vemos el aspecto divino. De ahí nuestro resentimiento en el dolor.

Tenemos gente importante entre nosotros, aunque no nos demos cuenta de ello. Son los pobres más pobres: los indeseados, los desatendidos, los rechazados, los alcohólicos, los físicamente disminuidos, los ciegos, los enfermos, los moribundos..., personas que no tienen nada, ni tienen a nadie que los ayude y comprenda.

Su vida es una verdadera oración. Continuamente están intercediendo por nosotros sin saberlo. Por esto acostumbro a decir que la Casa del Moribundo en Calcuta es nuestro Banco donde tenemos los fondos espirituales para nosotras y para la Arquidiócesis.

El sufrimiento compartido y soportado juntos,
se convierte en alegría.
No olvidemos que la pasión de Cristo
desemboca siempre
en la alegría de la resurrección.
Cuando sientas los sufrimientos de Cristo
en tu propio corazón,
recuerda que la resurrección está cercana,
que la alegría de la Pascua empieza a amanecer.
Nunca permitas que la amargura
se apodere de tu corazón,
hasta el punto de que llegues a olvidarte
de Cristo resucitado.

Capítulo VII

Nacidos para servir

Recorriendo la cartelera cinematográfica de estos días, encontré algunos títulos sugestivos como éstos: "Nacidos para triunfar", "Nacidos para perder". Pienso que se podría filmar una buena película sobre la Madre Teresa con este título: "Nació para servir." Y como epitafio de su tumba, le quedaría bien el siguiente: "Sirvió gratuitamente a los pobres."

Entrevistador: —Se la vio, Madre, después de unas lluvias torrenciales y en plena inundación, salvar con sus hermanas y la ayuda de barcas a los seiscientos habitantes de un poblado anegado por las aguas.

Madre Teresa: —*Nosotras hemos elegido servir y amar.*

La vida entendida como vocación de servicio es otra de las constantes de esta mujer singular. Con intuición evangélica ha comprendido que el amor puede quedarse muchas veces en palabras hermosas y en teorías interesantes sin que nuestra vida y las vidas de los que nos rodea cambie lo más mínimo. Por eso, la Madre Teresa ha vinculado siempre el amor al servicio, afirmando sin cesar que *"la fe en acción es amor y el amor en acción es servicio"*.

El amor no puede permanecer en sí mismo. No tiene sentido. El amor tiene que ponerse en acción. Esta actividad del amor, nos lleva necesariamente al servicio.

Apelo, por tanto, a cada uno de ustedes, pobres o ricos, jóvenes o ancianos, para que empleen sus propias manos en servir a Cristo en los pobres, y sus corazones en amarlos. Puede que estén lejos o cerca, que sean pobres material o espiritualmente, que tengan hambre de amor o de amistad, que desconozcan las riquezas del amor de Dios para con ellos, que sientan la necesidad de un hogar..., en el pobre servimos a Cristo porque Él es el que pasa hambre, está desnudo y sin abrigo.

Si el amor no termina en servicio, señal inequívoca de que no es amor auténtico. Si hemos nacido para amar y ser amados, "el que no vive para servir, no sirve para vivir". Se convierte en algo inservible. Y las cosas inservibles las arrojamos al cesto de la basura. Uno se admira de que no haya por todas partes pipotes de basura, repletos de vidas humanas...

En nuestros días esta profesión de servicio se encuentra prácticamente devaluada. Muy pocos son los que comprenden y, menos los que practican, el ejemplo de Jesús: *"El Hijo del hombre no vino para ser servido, sino para servir y dar la vida en rescate de muchos" (Mc 10, 45).*

Servir al hombre, al pobre que es Jesús, implica toda una revolución: la revolución de los pacíficos. Una revolución que no se apoya en el odio ni en la violencia, sino en el amor y en el sacrificio.

Cuando una joven, perteneciente a las antiguas castas, viene a ponerse al servicio de los parias, es también una revolución. La mayor revolución. La más difícil... ¡La revolución del amor!

Hace poco tiempo, los periódicos del mundo entero anunciaban que la elección de la sucesora de la Madre Teresa había recaído en la Hermana Nírmala. ¿Quién es la Hermana Nírmala? Es la nueva superiora general de las Misioneras de la Caridad. Su nombre real es Kusum Joshi, que significa "pureza". De origen nepalí y perteneciente a la casta de los brahmanes, se convirtió del hinduismo al catolicismo a los catorce años. En su corazón se ha llevado a cabo una doble revolución: el paso del hinduismo a la fe cristiana y el hecho, inconcebible en la India, de que una brahmín, perteneciente a la clase sacerdotal, se ponga al servicio de los pobres del mundo. Hay revoluciones que se hacen no con bombas, sino con amor y servicio.

La Madre Teresa un día lo dejó todo para ponerse también al servicio de los más pobres entre los pobres. Su ejemplo contagió en seguida a innumerables jóvenes de todo el mundo que querían darlo todo por Jesús. Pasan ya de cuatro mil las misioneras de los cinco continentes que han adoptado como lema de sus vidas "el servicio gratuito y desinteresado a los más necesitados de este mundo".

En nuestra Congregación, tenemos muchas vocaciones. En los seis noviciados que poseemos tenemos quinientas trece novicias. Estas muchachas escriben en su solicitud de ingreso que desean vivir una vida de pobreza, de oración y de sacrificio que las lleve al servicio de los pobres.

Últimamente estamos recibiendo muchas vocaciones de Estados Unidos. Una de ellas, que proviene de una familia muy rica me decía: "Durante muchos años sé que Jesús me estuvo llamando; por largo tiempo he estado examinado muchas congregaciones. Al conocer sus vidas por dentro, me he dado cuenta de que lo que ellas me ofrecen, yo ya lo tengo. Si entro en alguna de estas comunidades, tendré lo mismo que tengo y yo quiero darlo todo. Ustedes me dan lo que yo necesito: oración, pobreza y servicio a los más necesitados. He pensado que no vale la pena dar la vida, sino por un ideal noble y sacrificado."

El servicio gratuito a los pobres y marginados de la Madre Teresa ha generado, también entre los laicos, una reacción en cadena a lo largo y ancho de mundo. Muchas personas se ha sentido *tocadas* por el ejemplo de esta mujer fuera de serie. El testimonio transparente de su vida ha cambiado el rumbo de muchas personas.

Desde el mendigo al millonario, desde el *paria* al *brahman,* desde el ignorante al intelectual, desde el agnóstico al creyente, nadie ha podido sustraerse al influjo de esta mujer, profeta de nuestro tiempo.

Ya es clásica la anécdota que cuenta la Madre sobre un banquero australiano:

Cierto día se presentó en una de las casas que tenemos en Melbourne un hombre bien vestido y extremadamente cortés. Cuando le pregunté qué deseaba, él me contestó: "Madre, he leído en los periódicos que usted se dedica a cuidar a los pobres. Admiro su labor humanitaria y yo también quisiera colaborar de alguna manera con su obra." Y sacando la chequera, me presentó un cheque en blanco y me dijo: "Ponga usted la cantidad de dólares que quiera." Llevada por un impulso interior, le repliqué al mismo tiempo que rechazaba su cheque: "No quiero sus dólares. Lo quiero a usted. ¿Por qué no viene usted personalmente a cuidar de nuestros pobres?" En un principio se sintió muy contrariado pero, comprendiendo mi gesto, añadió: "Acepto el reto." Desde entonces, todos los jueves viene el banquero para lavar a los enfermos, cortarles las uñas y jugar con ellos.

Hace unos meses visitaba el Hogar que tienen las hermanas misioneras en Benavides, Argentina, para enfermos de sida. Un grupo de unos quince jóvenes, flacos y macilentos, perezosamente mataban el tiempo mientras que la enfermedad iba acabando con ellos. En la cocina encontré a una señora, de porte distinguido, que estaba terminado de lavar la vajilla. Cuando le pregunté si era empleada del Hogar, ella me contestó radiante de alegría: "No, Padre, soy la esposa del doctor que atiende a los pacientes tres días a la semana. Mientras mi esposo se ocupa de controlar su enfermedad, yo preparo los alimentos y se los sirvo. Como él, también yo soy doctora." Y en aquel momento, un escalofrío de asombro y admiración recorrió todo mi cuerpo.

Es tan fuerte la vocación de servicio de la Madre y sus misioneras que en sus constituciones la atención a los pobres se ha convertido en el cuarto voto que las hermanas emiten en el día de su profesión religiosa. Además de los tres comunes a todas las otras Congregaciones religiosas: pobreza, castidad y obediencia, las Misioneras de la Caridad se comprometen, con voto, a "servir gratuitamente y de por vida a los más pobres de entre los pobres". Y el signo de esa gratuidad lo llevan hasta el extremo de no aceptar ni un vaso de agua de parte de los pobres a quienes visitan.

Nuestro servicio, además de cordial, debe ser totalmente gratuito. Cuando servimos con todo nuestro corazón, entonces nuestro servicio es también gratuito.

Una de las razones por las que no tomamos ningún alimento, ni bebemos ningún tipo de bebida fuera de casa es precisamente por este servicio gratuito. La gente pobre querría darnos algo y esto podría aparecer como una especie de retribución por lo que hacemos por ellos. Además, los pobres no tienen nada y encima tendrían que darnos algo a nosotras. ¿Cómo podría entenderse esto?

*Recuerdo que un obispo me dijo lo que le pedía la gente: Señor Obispo, por favor, no envíe a nuestras casas otra clase de monjas, sino **Misioneras de la Caridad**.*

*—**¿Por qué sólo Misioneras de la Caridad?** —Porque nunca aceptan nada de nosotros. Nunca tenemos que cocinar para ellas, ni prepararles nada. Ni siquiera aceptan un vaso de agua en nuestras casas. Mientras que otras monjitas, cuando vienen, tenemos que preparar algo para ellas. Por favor, envíenos solamente* **Misioneras de la Caridad**.

La Madre Teresa recomienda frecuentemente a sus hermanas que presten suma atención al cuarto voto, ya que este voto las distingue de otras congregaciones religiosas de la Iglesia.

Queridas hermanas: quiero que presten especial atención a nuestro cuarto voto ya que somos las primeras en la Iglesia que emitimos este voto. ¡Qué privilegio para nosotras tener este voto de poder dar un servicio cordial y gratuito a los pobres más pobres! También nosotras pertenecemos a los más pobres de entre los pobres. De lo contrario no podríamos utilizar el dinero que recibimos para ellos. Nosotras no tenemos nada, ni sueldo, ni ayuda del gobierno, ni nos mantiene la Iglesia; si la gente no nos diera, no contaríamos con nada.

Ponerse al servicio de los pobres, significa despojarse de todo el mundo de riqueza, de cultura, de prejuicios y de privilegios que nos separan de ellos, y compartir sus dolores, sus sufrimientos, su agonía.

Ponerse al servicio del hombre significa asimismo, seguir las huellas de Aquel que "siendo de condición divina, no reivindicó, en los hechos, la igualdad de Dios, sino que se despojó de su condición divina tomando la condición de siervo, y llegó a ser semejante a los hombres" (Flp 2, 6-7).

Ponerse al servicio del hermano pobre va más allá de toda comprensión del pobre y su mundo. Significa deponer no sólo toda actitud de opresión y poderío frente al débil y desesperado, sino asumir radicalmente las palabras de Jesús: "el que quiera ser el más importante entre ustedes, que sea haga el servidor de todos, y el que quiera ser el primero, que se haga el siervo de todos" (Mc 10, 13-14).

Encontrar en el servicio la razón última de su vida, recorrer el camino del amor y de la alegría al lado de los pobres y necesitados, seguir a Jesús en el hermano, he ahí otro de los hallazgos importantes que la Madre Teresa lega a la humanidad.

Yo dormía y soñaba
que la vida era alegría.
Desperté y vi
que la vida era servicio.
Serví, y vi
que la vida era alegría.

(Rabindranath Tagore)

PALABRAS DE VIDA

El amor no vive de palabras, no puede ser explicado, sobre todo el amor que sirve a Dios, que viene de Dios, que lo encuentra y que lo transforma. Tenemos que llegar hasta el corazón, y para llegar allí, tenemos que poner nuestro amor en acción. El amor se demuestra por los hechos.

Cualquier acción en favor de nuestro prójimo, por pequeña que sea, tiene un gran valor. No es la cantidad de lo que hacemos lo que agrada a Dios, sino la calidad de amor que ponemos en nuestra acción.

Debemos asegurarnos de que conocemos a nuestro prójimo, porque el conocimiento nos llevará a amarlo, y amarlo nos llevará a servirlo.

¿Cómo podemos poner en acción el amor que sentimos por Dios? Siendo fieles a nuestras familias, a las personas que Dios nos ha confiado.

En cualquier situación en la que nos encontremos, siendo pobres o ricos, capaces o incapaces, no nos hemos de preocupar por cuánto hacemos, sino por el amor que pongamos en lo que hacemos.

Al final de nuestra vida no seremos juzgados por los títulos o diplomas que hayamos conseguidos, ni por el dinero que hayamos ganado, ni

por las grandes obras que hayamos realizado. Se-
remos juzgados por los pocos o muchos ham-
brientos que hayamos alimentado, por los desnu-
dos que hayamos vestido, por los sin techo que ha-
yamos acogido.

Te sentirás más cerca de Cristo si te acercas
a los demás. Recuerda lo que Jesús nos dijo: "Lo
que hagan al más pequeño de mis hermanos, a
mí me lo hacen."

Así, pues, empieza... como empecé yo un día.
Comencé recogiendo a una sola persona. Tal vez
si no hubiera recogido a aquella persona, posi-
blemente no hubiera recogido a 42.000 después.
Lo mismo te va a pasar a ti, en tu familia, en la
Iglesia a la que asistes. Empieza..., uno, más uno,
más uno...

Nuestra obra es solamente una pequeña gota
en el océano. Pero si no existiéramos, el océano
tendría una gota menos de agua.

El amor no puede permanecer en sí mismo.
No tiene sentido.
El amor tiene que ponerse en acción.
Esa actividad nos llevará al servicio

Capítulo VIII

Ayudar a morir

Muchas gentes de nuestro entorno se preocupan por ayudar a vivir a las personas cuya vida se ve seriamente amenazada. Pienso que es una noble tarea. En nuestros días se multiplican las Organizaciones No Gubernamentales (ONG) como "Manos Unidas", "Medios para el Tercer Mundo", y otras cuya finalidad se centra en ayudar al hombre a sobrevivir, especialmente en los países afectados por guerras y epidemias.

Son menos las dedicadas a ayudar al hombre para que muera con dignidad. Y si es importante ayudar a sobrevivir, no lo es menos acompañar al que se aproxima a su destino final.

La Madre Teresa y sus hermanas, desde la fundación de las Misioneras de la Caridad, abordaron esta doble necesidad humana, apoyando a la vida que crece y acompañando al que se despide de ella.

En este momento quisiera referirme a las tres grande obras que la Madre fundó para ayudar a morir y que son como los símbolos de esta tarea humanitaria: Nirmal Hriday, Titagarh y Hogar de la Paz.

Nirmal Hriday

Cuando la Madre Teresa comenzó su trabajo de servicio a los pobres en las calles de Calcuta, con frecuencia encontraba personas tumbadas en las aceras y familias que vivían en la calle. Algunas de ellas se las habían ingeniado para construir barracas con materiales desechables, otras habían fabricado cobertizos con restos de plásticos y cartones. Otras muchas no fueron tan afortunadas y se pasaban el día mendigando a la entrada de los templos budistas y en las esquinas de las avenidas de gran circulación. Por la noche, la mayor parte de ellas dormían sobre el duro suelo en lugares sórdidos y nauseabundos.

Mal alimentadas, sin las más mínimas atenciones higiénicas, moviéndose habitualmente en ambientes pútridos, el contraer enfermedades infecciosas era inevitable. Las más frecuentes eran la lepra y la tuberculosis. Había pocas camas para tuberculosos y estaban lejos. Con frecuencia había que conseguirlas mediante "influencias". Los hospitales estaban completos y podían hacer poco por ellos. De esta forma, vivían y morían en las aceras, en plena calle, en las estaciones del tren. Un furgón de la municipalidad recorría las calles de la ciudad para recoger los muertos como se recoge todos los días la basura. En los registros municipales, una sola línea ocupaba la noticia del fallecimiento de estos desgraciados: "Nombre desconocido, edad desconocida, religión desconocida."

Caminando por las calles, recuerda la primera colaboradora de la Madre Teresa, la hermana Agnes, *encontraba gente agonizando en plena calle casi a diario. Un día lluvioso encontramos a una mujer moribunda, tirada en plena calle. Su mano estaba enterrada en el lodo. Cuando la levantamos, vimos espantadas cómo su piel se desprendía de su mano. Cuánto tiempo habría pasado allí, precisamente junto al hospital Campbell, nadie lo sabía.*

Ante tan grave situación, llevamos al hospital a aquella infeliz, pero como no tenían camas disponibles y no sabíamos a dónde llevarla, la Madre alquiló dos habitaciones por cinco rupias en el barrio de Motijhil. Una se convirtió en escuela y otra en primer lugar para moribundos.

En este espacio de sólo tres metros cuadrados, la Madre comenzó a cuidar de los moribundos que eran rechazados por el hospital. La experiencia estaba condenada al fracaso. Con dificultad sólo dos o tres pacientes podían ser acomodados en el suelo, sin apenas espacio para atenderlos. Una noche uno de los enfermos murió y los otros dos huyeron.

Muy apenada por esta circunstancia, la Madre se dirigió a la Municipalidad, donde la derivaron al Dr. Ahmad, jefe del Departamento Médico-Sanitario. "Señor, los hospitales de la ciudad tienen problemas para aceptar a los moribundos y terminan por rechazarlos, indicó la Madre; solamente pido un lugar para recogerlos. Del resto me ocuparé yo misma."

El Dr. Ahmad llevó a la Madre Teresa al templo más famoso de la ciudad, dedicado a la diosa Kali, Patrona de Calcuta. Este templo está situado en Kalighat. Le mostró dos amplias salas adosadas al templo, que habían sido construidas para el descanso de los peregrinos y se habían convertido en refugio ocasional de traficantes y vagabundos.

La Madre aceptó de buen grado el lugar asignado por su proximidad al centro religioso más importante de Calcuta y porque conocía la preferencia de los hindúes por morir a la sombra protectora de su diosa Kali.

Concedido el permiso de ocupación, en veinticuatro horas todo estuvo arreglado para acoger a los moribundos de la ciudad. Con intuición femenina, la Madre Teresa bautizó a este lugar para moribundos abandonados con el nombre de Nirmal Hriday o "Casa del Corazón Puro". Y el 22 de agosto de 1952, por entonces fiesta del Inmaculado Corazón de María, abrió este Centro para Moribundos con la sencillez evangélica más absoluta.

Esta fecha será memorable para toda la congregación, y este Centro se convertirá en el "primer amor de la Madre" (*Mother's first love*). Nirmal Hriday tiene capacidad para 105 pacientes en las 2 salas: 50 para hombres y 55 para mujeres, aunque si la necesidad urgente lo requiere, pueden acomodar hasta 130 enfermos.

Solamente en este hogar para moribundos han sido recogidos más de 20.000 casos límites y han fallecido la mitad aproximadamente. La tasa de admisiones diarias varía entre 2 y 10 moribundos y el índice de defunciones va disminuyendo paulatinamente.

La llegada de la Madre y sus hermanas a las dependencias adyacentes al Santuario de la diosa Kali con sus despojos miserables no fue bien visto por una gran mayoría de devotos hindúes. ¿Cómo es posible que una monja católica invada el lugar sagrado de nuestro pueblo? Además se corrió el rumor de que la Madre Teresa hacía proselitismo cristiano entre los pacientes y de que los hacía enterrar según el rito católico.

Cuando las denuncias llegaron a la Municipalidad, el mismo Jefe de Sanidad, acompañado por un policía, decidió examinar el asunto personalmente. Al entrar sigilosamente en el hogar, sorprendieron a la Madre que en ese momento limpiaba la apestosa herida de un moribundo con una ternura maternal. Era tan intensa su concentración que no se dio cuenta de la presencia de sus observadores y siguió quitando con unas pinzas los gusanos que hervían en la profunda herida del paciente. El hedor de la herida era tan fétido que nadie se atrevía a acercarse al moribundo. Al terminar la curación los dos espías oyeron que le decía al paciente: "Diga una oración en su religión que yo también rezaré según la mía. Estoy segura de que el buen Dios aceptará nuestra oración."

Cuando la Madre se percató de la presencia de los observadores, se ofreció para mostrarles el trabajo que estaban haciendo con los moribundos. Pero el policía, con los ojos llenos de lágrimas, susurró: "No, no es necesario, Madre. Ya hemos visto bastante."

Al salir del Nirmal Hriday, una multitud de fanáticos esperaba ver salir a la Madre y a sus hermanas, escoltadas por el policía para ser expulsadas definitivamente del lugar. Pero el policía, profundamente conmovido, se dirigió a los presentes y les dijo: *"Muy bien, yo les prometí sacar a esta mujer de este recinto sagrado. Pero no lo haré hasta que ustedes hayan convencido a sus madres y hermanas para que vengan aquí y hagan el trabajo que estas hermanas están haciendo con nuestros moribundos. Esta mujer es una santa."*

Por parte de los sacerdotes del templo también hubo una pertinaz oposición. ¿Qué hacían allí, casi a los pies de la diosa, aquellas mujeres con sus cadáveres ambulantes? Toda su presión se había estrellado ante el mutismo incomprensible de las autoridades.

Afortunadamente vino a arreglar la situación un hecho providencial. Por aquellos días un joven sacerdote del templo comenzó a vomitar sangre. El diagnóstico del médico fue desconsolador: tuberculosis galopante en avanzado estado. Todas las diligencias para internar al enfermo en algún hospital terminaron en nada. Como era un caso incurable, no había cama para él.

Por ironía del destino no hubo otro lugar para él que la Casa del Moribundo. Humillado y maldiciendo su suerte, no tuvo otra alternativa que aceptar su penosa situación. La Madre lo colocó en un lugar especial de la sala y se ocupó personalmente de él, colmándolo de atenciones. Poco a poco la rabia y el enojo fueron dando paso a la paz y a la gratitud. Cuando murió, la Madre envió su cuerpo para ser incinerado según los ritos de la religión hindú.

Este incidente sirvió para que los sacerdotes depusieran su comprensible antagonismo y para que los ánimos se fueran calmando. Todos se dieron cuenta de que las hermanas estaban solucionando una grave necesidad, recogiendo a los moribundos de las calles y ayudándolos a morir con dignidad. Lo del proselitismo y ritos mortuorios cristianos eran pura fantasía de mentes mal intencionadas.

Todos en el Nirmal Hriday son tratados con el mismo amor y las mismas atenciones médicas, sean hindúes, musulmanes o cristianos. A todos se les da la misma oportunidad de morir con dignidad y se les presta la atención religiosa exigida por su religión. Cuando se acercan los últimos momentos antes de pasar a Dios, a los hindúes se les refrescan los labios con agua del Ganges, a los musulmanes se les leen versículos del Corán y a los pocos cristianos que pasan por el moritorio, se les tributan los ritos correspondientes.

De los que ingresan, más del 80 % son hindúes, 10 % son musulmanes y sólo el 2 % cristianos. Hay un resto que llega totalmente inconsciente y nadie aporta dato alguno de sus vidas.

Para la Madre Teresa y sus hermanas la única razón de atención a los moribundos es la grave necesidad en que se encuentran. No su raza, religión o categoría social. Para los que han vivido como animales en la calle, el morir como ángeles, rodeados de amor, ternura y cuidados materiales y espirituales es algo muy hermoso. Así lo confesó aquel viejito que nunca en su vida había dormido en una cama. Al palpar el borde de su sencilla colchoneta, momentos antes de expirar dijo con una sonrisa radiante:

Durante ochenta y seis años he vivido como animal en la calle. Al menos voy a morir como un ángel, con la dignidad de un ser humano, amado y atendido.

Nirmal Hriday es un lugar donde las personas mueren con dignidad. La hermanas nunca rechazan a nadie que se encuentre en pobreza, abandono o grave necesidad. Ante los casos dudosos de si tienen o no familiares que puedan atenderlos, las hermanas aplican el principio de la Madre: "Prefiero cometer un error por exceso de bondad, que hacer milagros al margen de la caridad. Nunca rechacen a nadie que esté enfermo."

Trabajar en este ambiente de dolor y de degradación, suele ser muy duro, incluso para las hermanas que, por primera vez, llegan a la Casa del Moribundo:

Los primeros días, recuerda una hermana, *me sentía muy triste, especialmente cuando moría alguna persona joven. Con frecuencia tenía que ir a la capilla para que nadie me viera llorar. Por la noche oraba y pedía fuerzas a Dios para poder soportar tanta desgracia y miseria. Ahora, después de unos meses y de una oración más profunda, me siento más capacitada para atenderlos con más fortaleza y amor.*

Ya no temo a la muerte, comentaba una hermana que trabajaba en el Nirmal Hriday. *Solemos decir a los moribundos que pronto van a contemplar el rostro de Dios. Toda persona tiene su origen en Dios y Dios habita en ella. Para mí Dios es Jesús. Para un hindú puede ser Siva, Vishna o Brahman. Para un musulmán, Alá. Cuando una persona llega inconsciente, procuramos que una hermana o un voluntario se siente junto a ella, le sostenga la mano y pida perdón por los pecados que haya cometido y que haga un acto de fe o de amor a Dios por ella.*

A veces, cuando susurran al oído del moribundo estas palabras o parecidas, las lágrimas se le caen por sus mejillas. Muchos de los que vienen a aquí no temen la muerte. Cuando estoy preparando a algún enfermo sin posibilidad de recuperarse, escucho que me dice: "No se preocupe, hermana, vine a aquí para morir. Pienso que no hay ningún lugar mejor para morir que aquí."

Hace unos días, continúa la hermana, *trajeron a un joven de unos 20 años. Me confesó que había estado vomitando mucha sangre. De inmediato le puse un gotero con sal para parar los vómitos. Cuando lo vi un poco restablecido, marché a la otra sala para atender a otro caso de urgencia. Al regresar, el joven había desaparecido. Lo busqué por todas partes, salí a la calle en su busca y no había rastro de él. Finalmente lo localicé en el baño posterior. Había perdido mucha sangre y estaba inconsciente. Lo regresé a su cama, pero murió quince minutos después. No pude contener las lágrimas, aunque al mismo tiempo pensé que tal vez era mejor para él descansar en Dios que seguir en la dura lucha que habría soportado hasta entonces.*

En la Casa del Moribundo siempre hay un grupo de voluntarios que viene de todas partes del mundo para ayudar a las hermanas en el trabajo de limpiar los pisos, cambiar las camas, verter los excrementos, dar aliento a los enfermos, afeitar a los ancianos y acondicionar a los que mueren. Un joven voluntario irlandés cuenta así su experiencia en el Nirmal Hriday:

"¿Por qué estoy aquí? Es la pregunta que me hago desde hace seis meses. Podría estar en Irlanda, disfrutando con mis amigos con el dinero que gano. Es difícil explicarlo en pocas palabras.

Vi por primera vez a la Madre Teresa en un programa de televisión. Noté que el entrevistador apenas podía contener las lágrimas. Aquello me impulsó a comprar un boleto para viajar a Calcuta. Reuní mis útiles personales y saqué la visa. Cuatro días antes de mi salida para Calcuta, me acobardé y cancelé el viaje. Pasaron cuatro años y nuevamente sentí el deseo de ir a Calcuta. Cuando llegué a la Casa Madre, la hermana Joseph Michael me pidió fuera a Kalighat, a la Casa del Moribundo. Un escalofrío invadió todo mi cuerpo. Nunca había trabajado con moribundos. La hermana me pidió que fuera medio día y que viera.

Apenas entré en el Nirmal Hriday, sentí una gracia especial que me ha ayudado a soportar todo lo que he tenido que ver. A la semana ya era capaz de transportar moribundos, lavar muertos, algo que nunca pasó jamás por mi mente. Ahora ya veo la muerte de distinta manera: como un renacimiento, como una vida después de esta vida, como un 'regresar al hogar', como una 'plenitud final'. El cuerpo se destruye, el alma y la paz permanecen. Me he reconciliado con la muerte. También he visto en Nirmal Hriday cosas admirables sobre la vida. Cómo son los seres humanos, cómo se cuidan en la calle unos de otros, cómo se cuida aquí en Kalighat, el amor de las hermanas... También la frustración para muchos de nosotros al regresar a un mundo invadido por el materialismo. Todos los días me digo a mí mismo que ojalá el dolor y el sufrimiento de esta pobreza me invada de tal manera que necesite cambiar, de verdad."

La Madre Teresa llama a esta Casa del Moribundo "Mi primer amor". Por eso cuando un periodista le preguntó:

—Madre Teresa, ¿cuál es lugar más alegre que ha conocido?

—Kalighat. Cuando la gente muere en paz, en el amor de Dios, es algo maravilloso. Ver a nuestra pobre gente feliz, junto con sus familias, es algo hermoso. El gozo de la gente pobre es tan limpio... Sólo los realmente pobres saben lo que es la alegría.

—¿Qué hacen ustedes por los moribundos?

—Ante todo queremos hacerles sentir que son amados, que son deseados, aunque hayamos llegado tarde a sus últimos momentos. Queremos darles a conocer el amor humano y divino; que tomen conciencia de que ellos también son hijos de Dios y que hay alguien que ha sufrido y ha entregado su vida por ellos. A nosotras nos cabe el honor de seguir los pasos de la Virgen María: dar a Jesús. Él es el único que tiene palabras de vida eterna. Él es el único que puede salvarnos.

—¿Y qué hacen con los que logran sobrevivir?

—A los que son capaces de trabajar, tratamos de encontrarles alguna tarea. A los demás, procuramos acogerlos en nuestras propias Casas para que puedan gozar de paz y de la alegría de Dios.

Nirmal Hriday es el primero de otros doscientos sesenta y seis centros para moribundos que la Madre Teresa ha ido sembrando por los cinco continentes y en los que han atendido a más de 40.000 moribundos abandonados. Tal vez cerca de tu casa, en tu misma ciudad haya alguno de estos Hogares de Paz y de Alegría, donde las her-

manas del sari blanco ayudan a morir como ángeles. Vale la pena conocer estos centros en los que el
hombre recobra su dignidad humana y cristiana.

Titagarh

Otro remanso de paz donde el hombre apren-
de a vivir y a morir con dignidad es el centro para
leprosos que la Madre Teresa ha construido en
Titagarh.

Aunque la lepra, según la medicina moderna
está ya vencida, sin embargo existen en el mundo muchos enfermos aquejados de este terrible
flagelo. Derrotada prácticamente en Europa, la lepra sobrevive pujante en muchos países de África,
India, China y América del Sur. Solamente en la India se calcula que existen cuatro millones de personas afectadas por esta cruel enfermedad. En todo el
mundo la cifra puede llegar hasta los diez millones.

La Madre Teresa, mensajera del amor y de la
bondad personificada, no podía pasar por alto esta
grave tragedia que atemoriza a tantas personas en
la India, su país de adopción. Es más, parece que
tuviera especial predilección por los leprosos,
como si fueran sus hijos preferidos.

Todos los que sufren, comenta la Madre, *tienen*

derecho a nuestra solicitud, pero cuanto más sufren, más hemos de estar a su lado y atenderlos.

Pero ¿hay alguien más desnudo, más desamparado, más miserable y desprovisto de todo que un leproso?... Cuando un hombre dice un día estas palabras: "Tengo la lepra", todo se cierra ante él. Su mujer lo abandona, su familia lo echa de casa, y él se queda solo en su negra noche.

Por si alguno pudiera pensar que la Madre Teresa está exagerando y que pinta con trazos demasiado negros lo espantoso de esta enfermedad, escuchemos el relato de una niña de siete años, víctima de la lepra en septiembre de 1977 en un poblado de Corea:

"De un leproso hay que deshacerse lo antes posible. Incluso aquellos que más te aman, te invitan a que te suicides cuanto antes. Ésta es la mejor solución para todos. El propietario de la única habitación que mis padres habían alquilado para poder dormir, al enterarse de mi enfermedad, ordenó que tenía que marcharme con toda mi familia. Y, ¿a dónde irían ellos?

Mis padres y hermano, al darse cuenta de la grave situación, se portaron cruelmente conmigo. Mis padres tenían que tratarme con dureza para poder sobrevivir ellos. Tenían que deshacerse de mí. Todo el mundo me decía que marchase de casa.

Para facilitarme las cosas, un día mis padres me llevaron a la orilla de un río profundo, me abrazaron fuertemente y se despidieron de mí. Mi padre, golpeado en su interior, mi madre, bañada en un mar de lágrimas. Después de que ellos se fueron, comencé a llorar hasta que se me secaron las lágrimas. El sol se escondió detrás de las montañas. Yo sabía muy bien lo que tenía que hacer, pero no tenía valor para arrojarme a la corriente y morir.

Aunque sabía que ésta era la única forma de que mis padres y hermanos sobrevivieran y yo sólo tenía siete años, no pude arrojarme al río. Así podría acabar con el hambre atroz que sentía en mi estómago. Sin esperanza alguna, estuve vagando de acá para allá, ocultándome donde podía durante el día.

En medio de mi desesperación, regresé a la casa, atemorizada ante la reacción de mis padres. Afortunadamente mis padres me acogieron nuevamente y me prometieron morir conmigo si fuera necesario. Toda la familia abandonaríamos la modesta vivienda y nos iríamos a vivir a algún destartalado vagón de ferrocarril.

Estaban abrazándome y llorando por la triste

situación, cuando apareció una persona, desconocida para nosotros, que nos dijo que él podía llevarme a un "hogar" para leprosos y así mis padres no tendrían que mudarse de la rústica vivienda y morir. Más tarde constaté que aquella persona, que salvó mi vida y la de mis padres, era un católico creyente."

Apenas comenzó su tarea de servicio a los pobres, la Madre Teresa comenzó su lucha tenaz contra esta enfermedad maldita desde distintos frentes. Al principio fue un trabajo esporádico, atendiendo a los enfermos que se encontraba a su paso, al recorrer los barrios pobres de la ciudad. Como esto le pareció insuficiente, ideó la creación de clínicas móviles que recorrieran los lugares donde se encontraban los leprosos, prestándoles atenciones médicas y distribuyéndoles medicinas gratuitas.

En septiembre de 1957 se inauguró la primera clínica móvil. Fue el mismo arzobispo de Calcuta, Mons. Perier, quien bendijo la primera ambulancia, regalo de los Colaboradores de los Estados Unidos. Apenas iniciado el trabajo, más de seiscientos leprosos comenzaron a ser atendidos regularmente.

Como las necesidades aumentaban de día en día, fueron también multiplicándose las clínicas móviles, con las que las hermanas atendían a miles y a miles de enfermos. La Madre Teresa dio un paso más al crear dispensarios permanentes allí donde la concentración de leprosos era más numerosa. Así se llegó a la creación del primer centro de esta clase, instalado en Titagarh, a unos cuarenta kilómetros de Calcuta.

Hacía unos años que en ese lugar, a ambos lados de la vía férrea más importante de acceso a Calcuta, habían ido apareciendo grupos de barracas y viviendas precarias. Estaban ocupadas por un centenar de familias leprosas, totalmente abandonadas. La enfermedad, la pobreza y, a veces, el crimen, iban consumiendo lentamente las vidas de aquellos infelices. Nadie se atrevía entrar en contacto con ellos por temor al contagio. Incluso la policía se mantenía a distancia y hacía la vista gorda ante actos cometidos fuera de la ley. En aquel ambiente sórdido, surgían frecuentes peleas que muchas veces terminaban en asesinato. Y, ¿a quién le interesaba la muerte de un leproso?

Abandonados a su negra suerte, la enfermedad hacía verdaderos estragos, convirtiendo a sus moradores en monstruos vivientes sin posibilidad de recuperación. Titagarh era un verdadero infierno de miseria y de muerte.

A este lugar de hediondez y abyección llegó

un día la blanca figura de Teresa de Calcuta, la Madre de los pobres. Y al llegar ella, en Titagarh apareció una luz en medio de la densa oscuridad. Pronto se convenció la Madre de que, en Titagarh, Cristo agonizaba e imploraba, con urgencia, una ayuda misericordiosa.

En pocos meses acondicionó una pequeña clínica en un galpón cercano a la vía férrea y envió unas cuantas hermanas para que atendieran la improvisada clínica. Poco tiempo después se dio cuenta de que la pequeña clínica no era más que una gota de alivio en aquel océano de miseria.

Y pasando de la contemplación a la acción, en poco tiempo levantó todo un bloque de viviendas, con jardines y estanques con patos y ánades, para humanizar la vida de aquellos desventurados. Nuevas construcciones se añadieron a la primera, y así comenzó la rehabilitación masiva y eficaz de los leprosos. Un hospital, con amplias salas para hombres y mujeres y otras construcciones secundarias completaron todo un vasto plan, concebido por la Madre Teresa para recuperar a los leprosos o al menos para que vivieran y murieran con dignidad.

En un abrir y cerrar de ojos, aquel lugar inmundo y apestoso se convirtió en una pequeño poblado habitable para el servicio de los más pobres de entre los pobres. Por fin, los parias de la sociedad, los "repugnantes" leprosos, los habitantes de la zona maldita de Titagarh tenían un lugar digno donde poder vivir y morir como personas. Todo gracias a la solicitud, al coraje de una mujer que, sin palabras ni grandes discursos, nos da una hermosa lección de cómo se lleva a cabo una auténtica opción por los pobres.

A este Centro de Titagarh, donde reciben atención más de cinco mil leprosos, sucedió pocos años después Shantinagar, "la ciudad de los leprosos", construida en Asansol con la ayuda de la *limousine* que Pablo VI regaló a la Madre, con motivo de su vista a la India. La Madre Teresa tuvo una idea feliz. Rifó la elegante *limousine* y, con lo obtenido, completó la construcción de su querida ciudad de los leprosos.

La batalla que la Madre Teresa ha emprendido contra la terrible enfermedad de la lepra todavía no está ganada, ni mucho menos, pero ella ha hecho posible que miles y miles de pacientes aquejados de esta demoníaca enfermedad, puedan vivir y morir rodeados de amor y de cuidados sanitarios. Convertir un infierno en un Paraíso terrenal es una hazaña que sólo una mujer del temple de la Madre Teresa pudo lograr.

Hogar de la paz

Pero donde esta ilustre religiosa y sus hermanas derrochan más amor, ayudando a morir a jóvenes en la primavera de la vida es, sin duda alguna, en los "Hogares de la Paz" para pacientes de sida.

Todos estamos convencidos de que este horrible homicida sigue ganando terreno y cobrándose vidas sin que nadie pueda detenerlo. Hasta el momento no hay ningún antídoto eficaz que pueda frenar su avance inexorable. Nuestra sociedad sigue envenenándose paulatinamente a razón de diez mil víctimas por día, con el peligro de que la cifra se duplique en los próximos años. Las cifras que encontramos en los medios de comunicación son escalofriantes.

El último reporte de las Naciones Unidas presenta el siguiente cuadro:

23 millones de personas contagiadas con el HIV. La epidemia mundial de sida sigue agravándose y el año pasado contrajeron el virus 3,1 millones de personas, a un ritmo de 8.500 nuevos diagnósticos por día, 1.000 de ellos niños, reveló en Australia un experto de la Organización de las Naciones Unidas.

El epidemiólogo belga Peter Piot, presidente del programa contra el sida de la ONU, Unaids, presentó su informe al inaugurar en Melbourne la tercera conferencia mundial sobre impacto del sida: "Las noticias de que la epidemia está bajo control son absolutamente engañosas, porque están cambiando los problemas planteados por la epidemia, que actualmente se difunde en gran parte entre los heterosexuales."

Ahora, agregó la ONU, "son mujeres la mitad de las nuevas personas contagiadas a escala mundial, mientras la mayoría de los nuevos adultos infectados tiene menos de 25 años".

Más de 23 millones de personas en el mundo viven con HIV o el sida y casi un millón y medio murieron el año pasado por enfermedades vinculadas con el HIV, un cuarto de la cifra total de víctimas desde que comenzó la epidemia, concluyó el Dr. Piot.

Ante este nuevo jinete del Apocalipsis de exterminio asolador, la Madre Teresa no podía quedarse con los brazos cruzados. ¿Qué hacer? ¿Por dónde comenzar? Sencillamente acogiendo a las víctimas de este flagelo cruel y ayudándolas a bien morir. De momento, no hay otra alternativa viable para la Madre ante esta hemorragia incontrolable de vidas humanas.

Porque cuando un joven descubre, con horror, que es portador del virus homicida, la sociedad lo margina, los amigos desaparecen y hasta la propia familia se siente aterrada y trata de esconderle como algo vergonzoso. Y he ahí que en esos momentos surge la figura de la Madre Teresa, bañada de una claridad sobrenatural, que dice:

Yo me haré cargo de estos intocables. También ellos son hijos de Dios y merecen ser atendidos.

Y sigue comentando:

Desde hace algunos años, hemos abierto en Nueva York un hogar para enfermos de sida. Lo empezamos con quince camas para otros tantos enfermos, y los primeros internados fueron cuatro jóvenes a quienes conseguí sacar de la cárcel, porque no querían morir allí. Les había preparado una pequeña capilla, de modo que aquellos jóvenes, que tal vez nunca habían estado cerca de Jesús, o acaso se habían alejado de Él, pudiesen, si lo querían, acercarse a Él de nuevo.

Poco a poco, gracias a Dios, sus corazones se fueron ablandando. Los primeros ya han fallecido todos porque, como se sabe, se trata de una enfermedad mortal.

La hermana Dolores, que pasó más de veinte años por distintas casas de América latina fue elegida para dirigir, en Nueva York, el primer hogar para enfermos de sida. Ella misma nos cuenta su experiencia:

El cardenal O'Connor fue quien, en 1985, nos ayudó a abrir nuestro primer hogar para pacientes de sida en Nueva York. La necesidad surgió originariamente en la prisión de Sing Sing y nuestros primeros pacientes procedían de allí... Solía tratarse de los que habían sido rechazados o de los que no tenían a nadie, y sus corazones encerraban una horrible amargura. Afrontar los últimos estadios de la vida es una dura tarea; por eso nos tomábamos tiempo para crear un espíritu familiar entre ellos, comíamos juntos, hablábamos, rezábamos y jugábamos juntos.

Muchos de ellos estaban distanciados de sus familias pero, después de haber estado con nosotras durante algún tiempo, y gracias a un regalo del Señor, volvían a establecer trato con ellas. Algunas les escribían cartas y otras los llamaban por teléfono. Y, a medida que fuimos creciendo, un enfermo se hacía cargo del otro, lo que nos causaba gran satisfacción.

El cambio que se produce en los enfermos que llegan a estos remansos de paz es sencillamente impresionante. La misma hermana Dolores, testigo de excepción, nos habla de este proceso:

Muchos hombres que vienen a nuestras casas para enfermos de sida, llegan desesperados. Pero cuando se encuentran con la atención y la ternura de las hermanas y los voluntarios, se restablece la paz en sus corazones. Por eso, para ellos, venir a nuestras Casas es como volver al hogar. Muchos dicen: "Éste será el último lugar donde viva, el último sitio donde estaré." Y yo siempre les digo: "No, es el penúltimo. Desde aquí irás a la verdadera casa, donde nuestro Padre celestial nos espera a todos." Y muchos desean partir.

Cuando acompaño a algún paciente en los últimos momentos y abandona este mundo colmado de paz, pienso que todos tenemos que pasar por este trance algún día. Mi personal deseo es ser capaz de irme en paz, de este modo tan bello. Todos debemos volver a Dios. Venimos de Él y volvemos a Él. Por eso el atender a otros en sus momentos finales, nos ayuda a nosotros mismos.

Conozco personalmente algunos de estos hogares en los que la hermanas del sari blanco enseñan a enfrentar la muerte con paz y serenidad.

En Madrid, en el Paseo de la Ermita del Santo, las Misioneras de la Caridad abrieron, hace años, una casa para atender a los pobres y abandonados de la ciudad. Durante varios años sólo acogieron a mujeres y hombres encontrados en la calle. Después construyeron en la parte posterior un pabellón para jóvenes y hombres con sida.

La hermana Felícitas, primera española que ingresó en las Misioneras de la Caridad, atiende con una sonrisa perenne y una dulzura maternal a una veintena de enfermos, atacados por la enfermedad mortal. Con ellos extrema su amor y su paciencia, tratando de que se reconcilien con la vida y también con Dios, a quien verán cara a cara dentro no mucho tiempo. Casi todos lo logran, nos confiesa esta mujer de ojos radiantes.

Cuando el enfermo agoniza, se lo lleva a una habitación pequeña y blanca con una cama reclinable ajustada a la pared. "Aquí los traemos para morir", comenta con cierta tristeza la hermana.

Hombres destartalados, jóvenes agotados y sin fuerzas caminan como fantasmas por los corredores del Hogar. Cuando ya sienten que la vida se les escapa, se recuestan en los brazos de las hermanas y se dejan morir en paz. Como si después de años de dar tumbos por la vida, sólo hubieran buscado eso, una mano amiga que los ayudase a descansar en paz.

El último, comentaba la Hermana, *llevaba seis meses con nosotras, mucho tiempo para la me-*

dia de nuestros acogidos. Se fue tranquilamente,
en paz. Su madre comentaba entre sollozos que
daba gracias a Dios porque su hijo hubiera po-
dido morir así.

Y es que las hermanas de la Madre Teresa han
aprendido esa escondida ciencia de enseñar a
morir con paz y con dignidad.

En Benavides, Argentina, a unos 60 kilómetros de Buenos Aires, la Madre Teresa abrió en
1994 otro oasis de paz para hombres y jóvenes
atacados por el virus mortal. Cuando llegué de
visita, acababan de tener su almuerzo y se diri-
gían a las habitaciones para hacer el reposo del
medio día. Los más fuertes ayudaban a los débi-
les en un gesto admirable de solidaridad. Habían
también algunos confinados en sus lechos sin apenas poder pronunciar palabra. Las hermanas los
rodeaban de atenciones como si fueran bebés de
pocos años. El ambiente era extremadamente limpio y el jardín que rodeaba la Casa lucía bella-
mente cuidado. Un hombre de unos 50 años, también enfermo, podaba los rosales con una delica-
deza infinita. Su ilusión, me decía la hermana Lio-
ba, era quedarse para siempre en el Hogar, de jar-
dinero. A pesar de la palidez de sus rostros y de
la extrema debilidad de sus cuerpos, aquellos jó-

venes irradiaban paz y serenidad. Se notaba que estaban ya reconciliados con la vida.

Pero fue en Realingo, localidad en las afueras de Río de Janeiro, donde sufrí uno de los impactos más fuertes de mi vida. Las hermanas tienen en aquella barriada un hogar para pacientes de sida. Unas quince mujeres de distintas edades se ocupaban, en el momento de mi llegada, en pequeños menesteres de la casa. Algunas de ellas con síntomas visibles de su muerte inminente.

Lo que me destrozó interiormente fue el ver a seis niños de 2 a 4 añitos que correteaban por los pasillos, ajenos totalmente al veneno mortal que escondían en sus cuerpos inocentes. Cuando se acercaban para pedirme un caramelo o para que jugara con ellos, no podía apartar de mi mente su trágico destino. En la flor de la vida y marcados ya con el signo de la muerte. Juro que en aquellos momentos me dieron ganas de salir corriendo y gritar como un loco por las calles: "Detengámonos ante el suicidio colectivo que estamos cometiendo. Respetemos la vida y el silencio de los inocentes..."

Ayudar a vivir, pero también ayudar a morir. Otro de los legados importantes que nos dejó esta mujer de acero antes de abordar la nave que la conduciría definitivamente hasta Dios.

Capítulo IX

Madre de los pobres

La Madre Teresa ha recibido muchos títulos y galardones a lo largo de sus fascinante vida. El último se lo concedió el Congreso de los Estados Unidos por su "aporte a la paz entre los pueblos". Lo recibió en silla de ruedas y sólo se levantó para dar las gracias a los congresistas presentes.

Pero estoy seguro que esta mujer irrepetible pasará a la historia con el título inmortal de "Madre de los pobres". Ella misma ha confesado que su pasión son los pobres y que su vida no tiene otra razón de ser que los humildes y pequeños.

Mi comunidad son los pobres. Su seguridad es la mía. Mi casa es la suya. Pero no hablo de los pobres en general sino de los pobres más pobres. De aquellos a quienes nadie se acerca, porque son contagiosos y están llenos de microbios y suciedad. De los que no van a rezar porque les da vergüenza ir desnudos. De los que no comen porque ya no les quedan fuerzas para hacerlo. De los que se caen desplomados en las aceras, porque están ya a punto de morir, a cuyo lado, pasan los transeúntes sin volver la vista atrás. De los que no lloran, porque se les han agotado ya las lágrimas... De los que han perdido ya toda esperanza y fe en la vida, de los alcohólicos, los drogadictos.

Desde hace casi cincuenta años, los pobres de Calcuta encontraron en ella a la madre que tal vez nunca conocieron en sus vidas. Sería interminable enumerar los ríos de lágrimas que esta mujer ha enjugado, las bocas hambrientas que ha saciado, los sufrimientos que ha aliviado, las tinieblas densas que ha disipado, las noches sin estrellas que ha iluminado. Con su sonrisa perenne y su instinto maternal ha ido derramando su amor sobre todos aquellos que han tenido el privilegio de encontrarla en su camino.

Esta maternidad, la Madre y sus hermanas la ejercen especialmente con los niños, con los leprosos y con los drogadictos.

Madre de los niños

Es indudable que la Madre Teresa siente una predilección especial por los niños. Ellos son el gozo de la familia y la esperanza de su país. Un país sin niños es como un cielo sin estrellas. Refiriéndose a los niños de su nación adoptiva, la Madre solía decir:

Estos pequeños son la primavera de la India y, para nosotras, son nuestra más dulce recompensa... Los niños son como las estrellas del cielo. Nunca hay demasiados... Por cada niño de más, se encuentra siempre una cuna de más. Dios da lo necesario.

Resulta profundamente enternecedor, a pesar de lo macabro que pueda significar en sí mismo, el gesto de la hermanas que recorren las clínicas abortivas para recoger de los cubos de basura los fetos aún con vida y cantarles "nanas" antes de que pasen al regazo del Padre. El horror más cruel, dándose la mano con la ternura más sublime.

La Madre Teresa ha sembrado el mundo de Hogares para niños abandonados, conocidos en la India como "Shishu Bhavan", verdaderos oasis de amor y de ternura. Aquí todo es luz y frescor. Niños recogidos en las alcantarillas, en los basureros, a la puerta de los hospitales..., y que poco a poco se convierten, como por arte de magia, en pequeños llenos de vida y de candor.

Recuerdo a un pequeño de unos seis años, inquieto y alborotador, que correteaba bullicioso por los pasillos del hogar que las hermanas tienen en Lima. Al reparar en la enorme vitalidad del pequeño, la hermana María Stella me hizo esta observación: "Hace dos años y seis meses lo encon-

141

tramos en el basurero del barrio, rodeado de ratas y hormigas. Nunca creímos que se iba a recuperar, ya que estaba prácticamente muerto."

A la Madre Teresa le gusta ser fotografiada rodeada de niños o con uno de ellos en los brazos. ¿Quién no ha descubierto la ternura de esta mujer en una de las fotos más familiares que ha recorrido el mundo, precisamente con un niño en sus brazos? Como ella acostumbra a decir:

Los niños son el don más bello que Dios nos puede regalar, pero el hombre, en su egoísmo, no siempre sabe apreciar ese don. Muy a menudo los niños son rechazados, abandonados y hasta asesinados. Desde siempre me he encontrado con estos delitos. Hago de todo para que se tome conciencia de este problema.

Los niños tuvieron parte importante en mi vida y en mi obra. Las primeras criaturas con las que inicié mi primera misión de amor fueron justamente cinco niños.

Ella y sus hermanas privilegian en su actividad caritativa la atención a la infancia abandonada. Ya en 1954, fundó la primera casa para el cuidado de los niños. Como pronto resultó pequeña, en el mismo año tuvo que abrir tres casas más. Desde aquella fecha, la Madre gustó de repetir:

Yo soy la madre de miles de niños abandona-
dos. Los he recogido en las calles, en los cubos
de la basura de los hospitales, donde habían sido
rechazados por sus madres, o me los trajo la po-
licía. Los he salvado, he tratado de educarlos y
después los he hecho estudiar .

En cierta ocasión, sigue diciendo la Madre, *me*
llamaron para que fuera a recoger a un niño de
ocho meses que había sido abandonado en una
humildísima vivienda con otros cinco hermani-
tos. El padre había desaparecido del hogar an-
tes de que el bebé naciera. La madre había muer-
to hacía cuatro días. El pequeño bebé y sus cin-
co hermanitos agonizaban, muertos de hambre y
de miseria. Si bien era pequeño ya estaba mar-
cado por el sufrimiento. Su debilidad era tan ex-
trema que no sabía ni podía llorar. Desde su cu-
nita mugrienta y llena de piojos, miraba inmóvil
el techo. Sólo después de varios meses de cuida-
dos afectuosos e intensivos, aprendió a llorar y
a sonreír.

Una de las críticas que recibe la Madre por su
labor humanitaria con los niños, se centra en la
idea de que está perdiendo su tiempo. Recoger a
unos cuantos niños, dejando a millones de ellos
por las calles, es como quitar una gota de agua al

océano. Además, muchos de ellos están ya prácticamente muertos. A esta observación, la Madre responde:

A veces nos dicen que es inútil recogerlos tan pequeños porque su suerte está ya echada. Pero nosotras no hacemos caso. Los recogemos igual. Queremos que en las pocas horas de vida que les quedan, sientan el calor del amor y cierren sus ojos en los brazos de alguien que los ama. Todo ser humano sufre cuando no es amado, y el niño, por pequeño que sea, comprende todo y sufre más que cualquier otra criatura. Negarles el amor es como matarlos.

Madre de los leprosos

Los cuidados maternales de la Madre Teresa ha llegado también a aquellos que están padeciendo una de las enfermedades más horribles que conocemos: la lepra. Este flagelo siempre fue visto como la peor maldición de Dios sobre una persona. No conduce a una muerte precoz como el cáncer o el sida, pero sí a una existencia infame, marcada por el rechazo social.

El leproso es un proscrito para todos: familia, amigos, sociedad. Paradójicamente, para la Madre Teresa, los leprosos son sus hijos predilectos.

En cierta ocasión, un periodista hizo esta observación a la Madre:

—Parece como si usted tuviese por los leprosos un afecto particular, como si fueran un poco sus hijos preferidos...

—*Todos los que sufren tienen derecho a nuestra solicitud, pero cuanto más sufren, más hemos de estar a su lado y más hemos de atenderles... ¿Habrá alguien más desnudo, más miserable, más desvalido que un leproso?... Cuando un hombre dice un día estas palabras: "Tengo lepra", todo se cierra ante él. Su mujer lo abandona, su familia lo echa de casa y él se queda únicamente con su negra noche.*

Ante esta terrible enfermedad que azota al país de los monzones con increíble intensidad, es natural que la Madre Teresa extendiera rápidamente su amor maternal a estos infelices, privados la mayor parte de ellos de todo cuidado humano. Dejemos que ella nos cuente su primera experiencia:

En 1957 vinieron a golpear a nuestra puerta cinco leprosos. Pertenecían a familias de la clase media. Habían ocupado puestos importantes en la sociedad, pero al descubrirse en ellos la enfermedad, habían sido despedidos de su trabajo y marginados por la sociedad. Incluso sus mismos familiares los habían rechazado. Nos pi-

dieron ayuda y nosotras los recibimos... Así, casi por casualidad, empezó nuestra obra con los leprosos.

Para esta mujer, de ideas claras y convicciones profundas, la atención a los leprosos era una consecuencia lógica de su profunda fe en el hombre. Todo hombre es hijo de Dios y ha sido redimido por Cristo. El hecho de que los leprosos estén marcados por un sufrimiento tan horrible y prolongado, los hace más partícipes del misterio de la Pasión redentora de Jesús. Sólo bajo esa visión tiene sentido su dedicación a los leprosos.

Sé que cuando toco los miembros carcomidos de un leproso, estoy tocando el cuerpo de Cristo, como cuando recibo su cuerpo sacramentado en la Eucaristía.

A partir de las primeras experiencias con leprosos, la Madre, como he dicho en otro lugar, creó unos consultorios móviles, adecuadamente acondicionados, para ir a curar a los leprosos en sus propias casas, llegando así a un número considerable de enfermos.

No contenta con este método innovador y eficaz, la Madre logró que el gobierno indio le regale un terreno donde acoger a los leprosos expulsados de los barrios periféricos de las ciudades.

Así, en 1958 abre un importante centro de

atención para los pacientes de lepra, en Titagarh, actualmente conocido como "Gandhiji Prem Niwas" (Hogar del Amor de Gandhi), del cual ya nos hemos ocupado anteriormente.

La obra maestra de la Madre Teresa para los leprosos es, sin duda alguna, Shantinagar (Ciudad de la Paz). Viene a ser una ciudad que se autoabastece, donde los leprosos viven como ciudadanos libres, sin el temor de ser arrojados por la policía, sin la humillación de sentirse marginados de la sociedad.

—Madre Teresa, interroga un periodista, háblenos de esa Ciudad de la Paz que tan metida lleva en su corazón.

—*El Gobierno nos proporcionó en Shantinagar tres hectáreas de terreno para que construyéramos un centro de reeducación donde los leprosos curados pudieran aprender un oficio y vivir sin tener que mendigar.*

Se han ido construyendo catorce zonas, con un hospital, una escuela, jardines, estanques y muchos árboles frutales: mangos, guayabos, granados, manzanos...

Para la construcción de esa Ciudad de los Leprosos contribuyeron niños de Alemania, jóvenes de Estados Unidos y numerosos bienhechores, principalmente de Inglaterra. También la elegante *limousine* de Pablo VI y el Premio Nobel de la Paz.

En 1961, Shantinagar no era más que una zona silvestre, muy semejante a una pequeña selva. El sueño de la Madre era construir en ese lugar selvático la Ciudad de los Leprosos. Pero ¿dónde encontrar dinero suficiente?

Cuando menos lo esperaba sucedió el milagro, nos cuenta la Madre Teresa. *El papa Pablo VI visitó la India en 1965, invitado por el Gobierno. Para sus desplazamientos, el pueblo americano le regaló una* limousine *blanca, modelo 1964. El Papa tuvo la gentileza de regalársela a los pobres.*

En efecto, antes de regresar a Roma, Pablo VI donó su elegante auto a la Madre como un reconocimiento a su destacada labor en favor a los pobres. La Madre, con ese sentido práctico que la caracterizó, se apresuró a rifar la *limousine*, obteniendo una ganancia cuatro veces mayor que si la hubiera vendido. El producto de la rifa le sirvió para terminar el Centro de Titagarh y para la construcción del moderno hospital de Shantinagar.

Y ¿cómo se le ocurrió la idea de la rifa?, le preguntó un amigo a la Madre. Ella en tono sorprendente contestó: *Si usted ora, también a usted se le ocurrirán esta clase de ideas.*

Cuando el Parlamento noruego quiso agasajarla con un espléndido banquete con motivo de haber obtenido el Premio Nobel de la Paz, en 1979, la Madre Teresa preguntó a cuánto ascendería el costo del banquete en su honor. Le contestaron que unas 30.000 coronas Entonces la Madre se apresuró a decir: *"Denme el importe del mismo para mis pobres, porque yo no necesito ningún banquete."* Con ese dinero y los donativos que el pueblo noruego regaló a la Madre, construyó la tercera etapa de su querida Ciudad de los Leprosos.

Actualmente Shantinagar es un oasis verde con calles arboladas y jardines esmaltados de flores. Los leprosos viven con su propio grupo familiar en casitas modernas y confortables. Trabajan en talleres de confección, en el campo, en las granjas de cerdos y gallinas. Sólo los más graves son internados en el hospital. Los niños que nacen en Shantinagar tienen su jardín de infancia, escuelas, y están constantemente bajo control médico para detectar cualquier tipo de contagio.

En esta ciudad, los leprosos recuperan su dignidad de seres humanos y escapan a cualquier tipo de marginación social.

Los leprosos, afirma la Madre, *pueden parecer desfigurados, pero, al igual que los pobres, son personas maravillosas, capaces de mucho amor.*

Madre de los sidosos

El sida tiene cuerpo de esfinge y cara de asesino. En estos últimos años se está abatiendo inmisericorde sobre nuestra pobre humanidad. Su agresividad supera a la misma lepra. De la lepra puede uno defenderse con precauciones higiénicas. Del contagio del sida no hay defensa posible. Algunos lo están bautizando como la peste del tercer milenio.

La ciencia hace esfuerzos sobrehumanos por combatir este flagelo. ¿Qué ha hecho y qué está haciendo la Madre de los Pobres por estos hermanos condenados a muerte?

En todo el mundo causó honda impresión cuando apareció en los periódicos esta noticia: "La Madre Teresa abre una casa para pacientes de sida en Nueva York." Nuevamente el instinto maternal de esta mujer, madre de los más pobres entre los pobres, rompe las barreras del miedo, salta por encima de los prejuicios sociales y comienza a cuidar a estos pobres infelices. Pasan ya de cincuenta centros fundados por la Madre Teresa, donde los pacientes de sida reciben amor y atenciones por parte de las monjitas del sari blanco.

Un problema particular, señala la Madre, *son los hijos de estos enfermos. Estos niños ya nacen contagiados y en seguida se encuentran marginados, tratados con miedo, mirados con horror, casi con odio. La falta de amor los hace sufrir terriblemente. Nosotras queremos ayudarlos. Yo, en este momento, me encuentro en Italia precisamente para este problema. Estoy buscando un lugar para abrir una casa donde recoger a estos niños nacidos con sida, para asistirlos y cuidarlos. Hasta ahora no encontré nada, pero sigo buscando. Estoy segura de que tarde o temprano voy a encontrar algún benefactor: Dios lo recompensará. Estos niños son criaturas inocentes. Con la enfermedad, su vida será un infierno. Hay que hacer lo imposible para aliviar sus sufrimientos, para hacerles sentir que Dios los ama y que, gracias a sus sufrimientos, son los preferidos del Padre celestial.*

Infatigable, el carisma de esta mujer pequeña y encorvada va recorriendo los caminos de nuestros campos y ciudades en busca de todos aquellos que claman por una madre compasiva y amorosa. Dichosos quienes la encuentran y se refugian a su sombra.

Nunca un cuerpo tan frágil y enfermo hizo tanto por tantos.

Capítulo X

Tengo sed

¿Cómo no terminar esta breve síntesis sobre la herencia que deja al mundo esta mujer extraordinaria, sin aludir al significado profundo que estas dos palabras: "Tengo sed", han tenido en su espiritualidad?

Resulta curioso observar que muy pocos de sus biógrafos han reparado en la dimensión mística de esta santa del siglo XX.

Aunque a los ojos del mundo aparece como una mujer eminentemente dinámica, releyendo cuidadosamente sus últimos escritos, nos damos cuenta de que su corazón y su alma estuvieron sumergidos habitualmente en Dios. Con esto queremos decir que la Madre Teresa escaló las alturas de la contemplación mística. Así lo confirman sus mismas palabras:

Nosotras somos contemplativas, no activas. Nuestra principal ocupación es la oración. Sin ella, nuestra vida carecería de sentido. Las hermanas son simples mujeres, pero son almas de oración. La oración, ensancha el corazón hasta hacerlo capaz de contener el don de Dios. Sin Él, no podemos nada... Es para nosotras un privilegio poder cuidar a estos enfermos que nos son doblemente queridos, ya que a través de ellos, nos es permitido contemplar el rostro de Cristo.

Por eso, cuando uno entra por vez primera en alguna de las capillas de las hermanas queda sorprendido por las palabras que aparecen escritas en la pared posterior del altar, junto al crucifijo: "Tengo sed", o su equivalente en inglés, "*I Thirst*". Estas palabras son como el espíritu que invade a cada una de las misioneras, como la mística que da sentido a sus vidas.

Aquí encuentro yo el motor que ha movido toda la vida de la Madre Teresa a lo largo de sus cincuenta años de servicio a Cristo en los pobres: *saciar la sed ardiente de un Jesús que agoniza diariamente en los pobres y abandonados.*

Todos sabemos que estas palabras fueron el grito angustioso que Jesús pronunció en la cruz, momentos antes de expirar; y que san Juan, testigo ocular del hecho, nos las conserva en su Evangelio.

Estas mismas palabras fueron recogidas por la Madre Teresa al elaborar las constituciones de su congregación. Constituyen el objetivo general de la misma. Al hablar de la naturaleza y misión de las misioneras, leemos: "Nuestro objetivo es *apagar la sed infinita de Jesús en la cruz,* su sed de amor por las almas, a través de los consejos evangélicos y del servicio gratuito y de por vida a los más pobres entre los pobres, según las constituciones" (*Constituciones*, parte 1.ª, n.º 3).

El Cristo sufriente , expresión última de un amor que se inmola en la cruz, sigue gritando en nuestros días, en un llamado que las Misioneras de la Caridad se esfuerzan por responder a través de su vida, reflejada en el testimonio de los cuatro votos que emiten el día de su consagración a Dios.

La Madre Teresa, en una permanente ascensión hacia la unión con Dios, toma conciencia plena de este grito angustioso de Jesús: "Tengo sed", a raíz del mensaje cuaresmal del papa Juan Pablo II en el que invitaba a la Iglesia a meditar el tema de la "sed" de Jesús:

"Escuchen la voz de Jesús que, fatigado y sediento dice a la samaritana junto al pozo de Jacob: *Dame de beber* (Jn 4, 7). Contemplen a Jesús clavado en la cruz, agonizante, y escuchen su voz apenas perceptible: *Tengo sed* (Jn 19, 28). Hoy Cristo repite su petición y revive los tormentos de su agonía en sus hermanos más pobres."

Así lo manifestaba la Madre en una carta que escribe a las hermanas, hermanos y sacerdotes misioneros de la caridad, el 25 de marzo de 1993:

Después de leer las palabras del Santo Padre sobre el grito angustioso de Jesús: "Tengo sed", **me sentí fuertemente impactada**. Es difícil transmitir lo que sentí. Sus palabras hicieron que me diese cuenta, más que nunca, de lo bella que es nuestra vocación. ¡Qué amor tan grande nos tiene el Señor al elegir a nuestra Congregación para apagar la sed de Jesús, sed de amor, de almas, dándonos nuestro lugar específico en la Iglesia!... Las palabras del Santo Padre son **un signo** para toda nuestra Congregación: profundizar en la ardiente sed que tiene Jesús por cada uno de nosotros. Es **un signo especial para mí**, de que ha llegado el momento de hablar abiertamente del don que Dios me dio el 10 de septiembre, de explicar tan profundamente como pueda lo que significa para mí la sed de Jesús.

En el ocaso de su vida, la Madre se esforzó

por reactivar el carisma de la Congregación en todos y cada uno de sus miembros, revitalizar el espíritu que animó su obra desde el principio. Y para ello no hay otro camino que insistir en la necesidad de "apagar la sed de Jesús" en los pobres, en los hambrientos, en todos aquellos que soportan la cruz de Jesús en sus vidas cruelmente maltratadas.

La misma Madre confirma esta apreciación al repetir, en la carta, antes aludida, a sus hermanas:

> No olviden que nuestra razón de ser no es otra que saciar la sed de Jesús, sed de amor y de almas, trabajando por la salvación y la santificación de los más pobres entre los pobres. No me cabe la menor duda de que no tenemos otra razón de existir, sino la de saciar la sed de Jesús... Su grito angustioso, inscrito en la pared de cada una de nuestras capillas, no es lago del pasado, sino actual, pronunciado aquí y ahora para cada uno de nosotros. Saciar la sed de Jesús viviente entre los pobres es la única razón de la existencia de nuestra Congregación.

El camino para lograr ese objetivo prioritario,

en palabras de la Madre, se reduce a dos compromisos claves: la oración íntima con Jesús unida al fiel cumplimiento de los votos, especialmente el cuarto; y hacerlo todo por Jesús:

"Tengo sed" y *"cuantas veces lo hicieron con uno de mis pequeños, a mí me lo hicieron",* tienen entre sí una íntima conexión. Vienen a ser como el objetivo y los medios. Y los que Dios ha unido, no debemos separarlo nosotros. Si queremos lograr ese objetivo, no desestimemos los medios. Trabajemos con los pobres sin reparar si el trabajo es pequeño o humilde, ya que el trabajo nos lleva a hacer algo hermoso para Dios. Sin el trabajo y el servicio a los pobres, nuestra obra moriría. La sed de Jesús se quedaría en puras palabras, sin significado ni respuesta.. Unidas las dos expresiones, nuestra vocación permanecerá viva y actual, como pidió el Señor.

¿Y cómo apagar la sed de Jesús? He aquí mi secreto: cuanto más unidos estemos a Jesús, mejor percibiremos su sed. "Arrepiéntanse y crean", nos dice Jesús. ¿De qué hemos de arrepentirnos? De nuestra indiferencia, de nuestra dureza de corazón. ¿En qué tenemos que creer? En la sed de Jesús, presente en nuestro corazón y en nuestros pobres. Él conoce nuestras debilidades, Él

quiere únicamente nuestro amor, quiere única-
mente darnos la oportunidad para amarlo.

¿Por qué Jesús dijo "tengo sed"? ¿Qué significa ese lamento desde la cruz?, se pregunta la Madre. Y nos responde:

Difícil de explicarlo con palabras. Si algo deben recordar de esta carta, que sea esto: **"Tengo sed"** es lago mucho más profundo que la expresión de Jesús **"Yo te amo"**. Hasta que no comprendan interiormente que Jesús está sediento de ustedes, nunca comprenderán lo que Él es para ustedes, ni lo que ustedes son para Él.

El corazón y el alma de una Misionera de la Caridad se centra en esto: en apagar la sed de Jesús, oculta en los pobres. Este deseo debe invadir la vida de toda Misionera. Este anhelo resume nuestro carisma, nuestro cuarto voto, el espíritu que anima a nuestra Congregación.

Lo único que justifica la existencia de nuestra Congregación es este propósito de saciar la sed ardiente de Jesús en los pobres.

Y como anticipándose a posibles desviaciones en el futuro, la Madre advirtió:

Créanme, mis queridas hermanas, pongan atención a lo que les estoy diciendo ahora: Solamente la sed de Jesús, oyéndola, sintiéndola, respondiendo a ella con todo su corazón, mantendrá viva la Congregación, una vez que la Madre desaparezca. Mientras mantengan este anhelo de saciar la sed de Jesús, todo irá bien. Aún cuando la Madre las abandone, la sed de Jesús, nunca las abandonará. Él, Jesús sediento en los pobres, estará siempre con ustedes.

Desde la atalaya de sus ochenta y tres años y presintiendo ya su próxima partida, la Madre Teresa quiso dejar muy claro en qué consiste lo específico de su vocación: Apagar la sed que Jesús siente por cada uno de nosotros. Apagarla especialmente en los pobres y abandonados de este mundo. Sed de amor, de compañía, de dignidad, de libertad y de compasión.

Ésta será la obsesión de la Madre en los últimos años de su vida: profundizar en el misterio de la sed de Jesús en nuestro mundo, sediento a su vez, de Dios.

Cuando una de sus hermanas le preguntó con cierta ingenuidad: ¿de dónde le vino la idea de poner las palabras "Tengo sed", junto al crucifijo en todas nuestras capillas?, la Madre contestó discretamente: *Eso es un secreto entre Jesús y yo.*

● ● ● ● ● ● ●

PALABRAS DE VIDA

Nuestro carisma especial se reduce a "apagar la sed de Jesús". "Tengo sed" decía Jesús en la cruz, cuando estaba privado de todo consuelo, agonizando en absoluta pobreza, en total soledad, menospreciado y destrozado todo su cuerpo y alma. Hablaba de su sed, no sed de agua, sino de amor, de sacrificio

Nuestra obligación, como hermanas, se centra en saciar la sed de Jesús, trabajando por la conversión de los pobres en los barrios. Nuestro Señor eligió a sus apóstoles para hacerlos pescadores de hombres, para que produjeran abundantes frutos de salvación, en sí mismos y en los demás, "No me eligieron ustedes a mí, sino que yo los elegí a ustedes para que produzcan frutos y sus frutos permanezcan".

Cuidando a los enfermos y moribundos,
estoy apagando la sed de Jesús, de amor,
por esa persona asistida.
Recogiendo y atendiendo a los niños de la calle,
sin otra motivación que el hecho
de que son niños de la calle abandonados,
y comunicarles el amor de Dios,
esto también es apagar la sed de Jesús.
Visitando y cuidando a los mendigos,

no a cualquiera, no a los ricos ni a la gente con
posibilidades, dice el Evangelio expresamente,
esto es apagar la sed de Jesús.
Cobijando a los abandonados,
acogiendo a los marginados, a los no amados,
a los que viven en soledad y,
como dicen nuestras Constituciones,
"a toda la gente pobre",
ésta es la forma de apagar la sed de Jesús.

Ésta es la razón de nuestra existencia: saciar la sed de Jesús. Cuando Él pidió agua, los soldados le dieron a beber vinagre; pero su verdadera sed era de amor por los hombres. A nosotros, hombres y mujeres, se nos pide apagar la sed de Dios. Si no lo hacemos estamos perdiendo el tiempo. Cuando las hermanas van a visitar a los pobres, la luz de Jesús debe brillar a través de ellas. No puedo saciar la sed de Jesús a no ser que me convierta en Jesús viviente.

Todo ser humano suspira por encontrar a Dios. "Mi alma está sedienta del Dios vivo", dice el salmo. Los cristianos podemos ir más lejos. Nosotros no sólo suspiramos por Dios, sino que tenemos el tesoro de su presencia entre nosotros... Tenemos la oportunidad de recibirlo en la Sagrada Comunión. Jesús no sólo se satisface alimentándonos con el Pan de Vida, sino que se hizo hambriento en los disfraces sufrientes de los pobres para que nosotros pudiéramos alimentarlo.

Si amamos realmente a Jesús en la Eucaristía, necesitamos poner este amor en acción. No podemos separar estas dos cosas: la Eucaristía y los pobres.

Cuando mi hermano Lázaro murió, las hermanas me decían: "Tiene usted que ir." Yo les contesté: "No iré." Pienso que tomé una buena decisión. Estoy segura de que el sacrificio que hice al no ir, ha ayudado más a mi hermano que si hubiera ido.

En todas nuestras capillas vemos el crucifijo y las palabras "Tengo sed". Hay una íntima conexión entre la cruz y el carisma de nuestra Congregación. Esa frase no es una simple decoración, ni unas palabras sin sentido. Por el contrario, son la verdadera razón de nuestra existencia: saciar esa sed.

En la Cruz quisieron darle a Jesús una bebida amarga para adormilarlo. Pero Jesús no quiso beberla. Sólamente aceptó mojar los labios por gratitud a los se la ofrecían. ¿Por qué no la bebió? Porque su sed era por nosotros, por ti y por mí.

En el día de hoy, no leamos tanto,
ni meditemos demasiado.
Permitamos que Jesús nos ame.
Decimos con frecuencia: "Jesús, yo te amo",
pero no permitimos que Él nos ame.
Hoy digámosle a menudo:
"Jesús, aquí estoy, ámame."

Apéndices

I. Una historia de amor

Breve biografía de la Madre Teresa

Agnes Gonxha Bojaxhin, futura Madre Teresa, nace en Skopje, antigua Yugoslavia, de padres albaneses, el 26 de agosto de 1910. Eran tres hermanos: dos mujeres y un varón. Actualmente han fallecido ya los tres.

De pequeña asistió a la escuela estatal y frecuentó la catequesis parroquial. También perteneció a la Congregación mariana de la parroquia.

Las primeras semillas de su vocación misionera aparecen en el corazón de Gonxha al escuchar las cartas llenas de entusiasmo misionero que unos sacerdotes jesuitas yugoslavos enviaban regularmente a Skopje, desde la misión de Bengala (India).

A los dieciocho años decide ingresar en una congregación misionera, para lo que se puso en contacto con las Hermanas de Nuestra Señora de Loreto, ya que estas hermanas trabajaban activamente en Calcuta.

Con el fin de iniciar su preparación misionera, viaja el 28 de noviembre de 1928, con otra compañera, a la Abadía de Loreto, en Rathkarnham, cerca de Dublín, donde es recibida en calidad de aspirante.

Dos meses después es enviada a la India, llegando a Calcuta el 6 de enero de 1929. Inicia su noviciado en la lejana ciudad de Darjeeling, situada en las faldas de los montes Himalaya.

Terminado el período de su noviciado, emite los primeros votos de pobreza, castidad y obediencia, en Darjeeling, el 24 de mayo de 1931, fiesta de María Auxiliadora. Seis años más tarde, en 1937, hará su profesión definitiva, consagrándose a Dios como miembro de las Hermanas de Nuestra Señora de Loreto.

Como era costumbre en aquella época, Gonxha Bojaxhiu cambia su nombre por el de Teresa, en el momento de hacer su consagración temporal. De ahí en adelante no será ya Gonxha de Skopje, sino Teresa de Calcuta. Nombre de guerra y de paz, nombre de cruz y de gloria.

Durante dieciocho años, de 1931 a 1948, se dedica con gran entusiasmo y eficacia a la enseñanza de diversas materias en colegios de Calcuta y a la actividad misionera en los barrios pobres de Calcuta.

Una decisión heroica

La fecha del 10 de septiembre de 1946 se conoce como el *"Día de la inspiración"*. Viajando en tren hacia Darjeeling, para hacer su retiro anual, la hermana Teresa percibe "la llamada de Dios que le urgía renunciar a todo para seguirlo. Dejar el convento de Loreto y dedicarse al servicio de los pobres, empezando por los barrios de Calcuta".

Plenamente convencida de la autenticidad de la llamada divina, la hermana Teresa toma una decisión heroica. Una decisión que cambiará por completo el rumbo de su vida, una aventura fascinante que la convertirá en la heroína más famosa de nuestro tiempo: "Servir a Cristo en los despojos sufrientes de los pobres."

Aunque la decisión estaba tomada, sin embargo no le fue fácil llevarla a la práctica. Pasan dos años de espera, de sufrimientos y de angustias hasta que el papa Pío XII, el 12 de abril de 1948, la autoriza a salir del convento y entregarse por completo al cuidado de los pobres más pobres, sin dejar de ser religiosa, bajo la autoridad de Monseñor Ferdinando Perier, arzobispo de Calcuta.

Recibido el permiso del Papa, la hermana Teresa sale del convento de Loreto el 18 de agosto del mismo año, se viste con un sari blanco de bordes azules, coloca un pequeño crucifijo encima de su hombro izquierdo, y comienza la odisea de su asombrosa vida.

Recibe un entrenamiento de enfermera durante tres meses en Patna, con las Hermanas misioneras médicas de Norteamérica, y regresa a Calcuta para Navidad, viviendo un breve tiempo con las Hermanitas de los pobres. El 21 de diciembre abre su primera escuela al aire libre en el barrio inhóspito de Moti Jhil. El suelo le servirá de pizarrón y unas piedras de asiento para los niños.

En febrero del año siguiente, la hermana Teresa consigue alojamiento gratuito en la casa de la familia Gomes. Un mes después, el 19 de marzo de 1949, llama a sus puertas una joven bengalí llamada Subhasini Das, antigua alumna de la Madre Teresa. Le pedía algo extraño e insólito: vivir como ella, dedicada a los pobres y abandonados.

Nacen las misioneras

Ante la llegada de nuevas aspirantes que desean compartir su vida, casi todas alumnas suyas, la hermana Teresa tiene una intuición de trascendencia insospechada: fundar una congregación religiosa dedicada a los más pobres del mundo. Se llamará: *Misioneras de la Caridad.*

El 7 de octubre de 1950, fiesta del Santísimo Rosario, la nueva congregación será aprobada por la Santa Sede y podrá extenderse a toda la India. Todavía siguen alojadas en el piso superior de la familia Gomes. Desde ese convento provisional salen todas las mañanas 27 aspirantes a religiosas con la Madre Teresa, a recorrer los barrios más pobres de la ciudad. Lo único que tienen para ofrecer será: un corazón para amar y unas manos para servir.

En octubre de 1952, un hecho fortuito abrirá una nueva dimensión a la congregación recién fundada. Caminando la Madre Teresa por la vía pública, encuentra a un hombre moribundo ya próximo a la muerte. Investiga el caso y descubre que las autoridades del hospital lo han rechazado porque su recuperación es imposible. Está desahuciado. Cuando regresa junto al enfermo, el hombre ha muerto. La Madre protesta ante el comisario de policía por este abandono incalificable, y es entonces cuando obtiene las dependencias del templo de la diosa Kali, donde abrió la primera *Casa del moribundo,* a la cual seguirán muchas otras en las principales ciudades de la India.

Como el piso de la familia Gomes resulta totalmente insuficiente, la Madre Teresa muda su cuartel general, en febrero de 1953, a una casa grande de tres pisos, en 54A-Lower Circular Road. Esta nueva residencia se convertirá en la Casa madre o Casa generalicia de la primera congregación.

La primera profesión de hermanas en la nueva congregación se llevó a cabo el 12 de abril de 1953 en la Casa madre, recién estrenada. Eran diez novicias y la misma Madre, quienes se consagraron a Dios con los tres votos tradicionales de obediencia, castidad y pobreza.

Pero añadieron un cuarto voto, propio y específico de las Misioneras de la caridad: *"Servir de por vida, gratuita y desinteresadamente, a los más pobres de entre los pobres."* Este cuarto voto será el distintivo de la congregación. De su fiel observancia dependerá la vitalidad y la supervivencia de la misma.

Fecundidad de una Madre

La gran familia de la Madre Teresa se extendió, en menos de cuarenta años, por los cinco continentes. Como las grandes familias del pasado: la benedictina, franciscana o jesuita; la familia teresiana ha ido creciendo vertiginosamente en número y en extensión. Las Misioneras de la caridad trabajan actualmente en más de cien países. Desde España a Nueva Guinea, desde Suecia a África del Sur, desde Canadá a la Pampa argentina, las hijas de la Madre Teresa recorren los caminos del amor y del servicio, llevando la paz y la alegría a los hogares pobres del mundo.

Naciones fuertemente reacias a toda penetración religiosa, como Rusia, Cuba, Albania, han abierto sus puertas a estas mensajeras del amor cristiano. En el corazón del mismo Moscú ya hace varios años que las religiosas de sari blanco mantienen la presencia del Dios vivo, y en Rusia ya son quince las Casas abiertas por la Madre.

Para atender a los trabajos más pesados, como el transporte de los moribundos de las calles al Hogar, el trabajo con los leprosos, la distribución de alimentos en grandes cantidades, etc., la Madre funda los *Hermanos misioneros de la caridad*, el 25 de marzo de 1963 en la ciudad de Calcuta. Tres años más tarde, conoce y asocia como "cofundador" al hermano Andrés, sacerdote jesuita australiano, que por aquellos años ejercía su ministerio en la India

El espíritu y tareas de los hermanos son prácticamente los mismos que los de las hermanas.

Durante los diez primeros años se extienden por la India, y a partir de 1977 comienzan a expandirse por más de treinta países.

En la India, el trabajo de los hermanos se concentra en los leprosos, aunque tienen montadas clínicas móviles y casas para moribundos. Tratan de estar con los pobres y vivir como ellos. Su mera existencia en la India, país de las castas, ha provocado una auténtica revolución.

A los Hermanos de la caridad, se unieron, en su apoyo a las obras de la Madre Teresa:

- Los *colaboradores:* personas de todo el mundo, de cualquier raza o religión, que con su servicio generoso a los pobres y su vida de oración, se unen al espíritu de la Madre.

- Las *hermanas misioneras contemplativas*: este grupo de hermanas consagradas a la adoración eucarística, a la contemplación, a la vida de silencio y penitencia, dedica tres horas diarias a la atención de los pobres y a proclamar la Palabra de Dios.

- Los *Hermanos de la Palabra*: fundados por la Madre Teresa en 1977, los Hermanos de la Palabra dirigen especialmente su atención a aquellos que sufren de pobreza espiritual, trabajando con personas atrapadas por el alcohol, la droga u otras dependencias. Proclaman la Palabra de Dios no en asambleas o grupos eclesiales, sino de persona a persona.

- Los *Sacerdotes colaboradores*: conocidos como "Movimiento del Corpus Christi", forman un movimiento internacional de renovación sacerdotal, unidos por el deseo de vivir el Evangelio más plena y fielmente, en el carisma dado por Dios a la Iglesia por medio de la Madre Teresa.

- Los *Sacerdotes Misioneros de la caridad*: forman una congregación religiosa que emite los tres votos tradicionales y añade el cuarto voto propio del carisma de la Madre Teresa: el servicio gratuito y de por vida a los más pobres y necesitados.

- Los *misioneros laicos de la caridad*: son otra expresión del espíritu de la Madre Teresa. Pretenden restaurar el santuario de la familia a través de la oración, del diálogo y de la consagración personal. Pueden pertenecer al movimiento tanto laicos casados como solteros, y su propósito es apagar la sed de Jesús en la cruz por medio de la profesión anual y la vivencia de los cuatro votos o compromisos privados: castidad conyugal, obediencia, pobreza y servicio a los más pobres. Su modelo es la Sagrada Familia de Nazaret.

Una cosa quiero resaltar en esta breve semblanza sobre la obra de la Madre Teresa: su avasalladora y creciente fuerza expansiva. El pequeño manantial que brotara hace cincuenta años en la populosa barriada de Moti Jihl, en la Navidad de 1948, poco a poco ha ido aumentando de caudal, hasta convertirse en el río caudaloso que hoy baña con sus aguas saludables innumerables suburbios de los cinco continentes.

II. Una sucesión complicada

La Madre Teresa nunca estuvo apegada al cargo de Superiora General que ostentó a lo largo de 46 años, aunque siempre lo ejerció con suprema competencia. Jamás se creyó insustituible en la dirección de su Congregación. Es otra prueba de su profunda humildad y de su sentido de la realidad.

Siempre que algún periodista la interrogaba sobre el futuro de su Congregación una vez que ella desapareciera, la Madre se limitaba a contestar humildemente:

Del futuro de nuestra Congregación, no me preocupo. Si Dios me encontró a mí, también encontrará a otra persona capaz de guiar a la Congregación... Dejemos que sea el buen Dios quien haga planes para el futuro, el ayer ya pasó, el mañana aún no ha llegado y sólo tenemos en presente para amarlo y servirlo en nuestros hermanos necesitados.

Sin embargo, la salud de la Madre se vino deteriorando muy seriamente en los últimos años, a pesar de que ella misma confesara en cierta ocasión: *"Dios me ha concedido un regalo, al darme una buena salud."*

Debido a sus frecuentes y prolongados viajes, a las extensas vigilias atendiendo a los enfermos, a una vida de increíble austeridad —duerme sólo tres horas diarias, dedica cuatro horas a la oración y apenas toma alimentos ni bebidas— su corazón comenzó a molestarle y en 1983 sufrió el primer ataque cardiaco. Afortunadamente el incidente ocurrió en Roma y fue atendida exitosamente en uno de los mejores hospitales de la ciudad. Permaneció en cama un mes completo y hasta el Papa se interesó por su salud, ordenándole que fuera obediente a los doctores.

Superado este serio inconveniente, la Madre Teresa siguió el mismo ritmo de trabajo e incluso sus viajes se intensificaron más que antes, al tener que atender a nuevas fundaciones. Cuando un periodista le preguntó por el estado de sus salud, ella le contestó sonriendo: *"El doctor me ha dicho que tengo salud para aguantar otros treinta años más."*

Seis años más tarde, en septiembre de 1989, la Madre tuvo su segundo ataque de corazón, esta vez en Calcuta. Los doctores que la atendían temieron por su vida y, a duras penas, lograron su recuperación. Durante los días que duró su gravedad, miles de personas elevaron plegarias a Dios por su preciosa vida. Un marcapasos le fue colocado para que la ayudara a controlar su arritmia.

Ante el visible deterioro de la salud de la Madre Teresa, los medios de comunicación comenzaron a agitar la cuestión de su sucesión: ¿quién sería la sucesora de la Madre?, ¿quién heredaría su carisma?, ¿qué pasaría con la Congregación sin la presencia de la Madre?

Parece ser que también a ella comenzó a preocuparle el asunto de entregar las riendas del gobierno a una de sus inmediatas colaboradoras. Como el próximo Capítulo General de la Orden no sería hasta 1991, la Madre pensó adelantar la fecha y convocar una Asamblea extraordinaria para que eligieran una sucesora.

Como esta noticia se filtró a la prensa internacional, para evitar confusiones y equívocos, ella misma dirigió una carta a los Colaboradores de todo el mundo en la que, entre otras cosas, les decía:

Según el n.º 86 de nuestras Constituciones, la Superiora General puede solicitar su renuncia, por motivos de edad o de enfermedad. Como tengo ambas cosas —edad, voy a cumplir los 80 este

mismo año y, además, me encuentro enferma—
he pedido al Santo Padre la autorización corres-
pondiente para convocar un Capítulo General
extraordinario para poder elegir una nueva Su-
periora General. El Santo Padre me ha dado per-
miso para hacerlo. Así, pues, con la bendición
de Dios y la ayuda de su santísima Madre, ten-
dremos el Capítulo General el 8 de septiembre
de 1990.

Ante esta decisión de la Madre, las hermanas se quedaron tristes y apenadas. Privadas de su dirección y guía, temían que la Congregación sufriera un fuerte retroceso. Todas hubieran preferido que muriera en el cargo. Sin embargo, muchos consejeros de la Madre, tanto religiosos como laicos, aprobaban la medida. De esta forma, la presencia de la Madre podría ayudar al cambio. Retirada del gobierno, permanecería como consejera espiritual.

El día prefijado para el Capítulo, ciento tres delegadas de los cinco continentes se reunieron en la Casa que las Misioneras tienen en Dum Dum, a veinte kilómetros de Calcuta. Terminados los ocho días reglamentarios de absoluto silencio, las hermanas pudieron conversar e informarse sobre los problemas internos de la Congregación y de las posibles candidatas a la elección. Dada la trascendencia de la votación, Monseñor Francis Gomes, Vicario General de la Arquidiócesis de Calcuta, fue invitado al acto.

Sorpresivamente cuando se anunció el recuento de los votos, la Madre Teresa había sido reelegida con 102 votos a su favor. El único voto adverso, que se presume que era de la Madre Teresa, recayó en la hermana Joseph Michael, secretaria personal de la Madre. Un atronador aplauso resonó en el aula de votaciones. Todo el montaje de la Asamblea y su realización no sirvió absolutamente para nada. Y es que Madre Teresa no hay más que una. ¿Y quién podrá suplantarla?

Con la sublime humildad que le caracteriza, la Madre aceptó seguir llevando la pesada carga sobre sus frágiles hombros para no contrariar a las hermanas electoras. Las hermanas, locas de alegría, celebraron el acontecimiento como una victoria del Espíritu Santo. La Madre seguiría por otros seis años más al frente de la congregación.

Las agencias de noticias, los corresponsales de periódicos y revistas, congregados en torno al Capítulo, se vieron defraudados al no poder anunciar la mundo la gran noticia de la sucesora de la Madre Teresa.

Un eclesiástico muy cercano a la Madre comentaría después que la reelección fue sencillamente providencial. En aquellos momentos la Congregación estaba en plena expansión en los países de la Europa Oriental, hasta entonces alineados en el bloque comunista. Solamente el carisma, el magnetismo y la influencia de una mujer como la Madre Teresa podía abrir las puertas a las hermanas en esos países prácticamente materializados por la ideología marxista. Las cincuenta y seis casas abiertas en estos últimos años en los países tras el telón de acero, no hubieran sido una realidad sin la presencia de esta mujer al frente de las Misioneras de la Caridad. Todavía Dios sigue escribiendo derecho con renglones torcidos.

Durante esos seis últimos años las recaídas de la Madre Teresa fueron cada vez más frecuentes y preocupantes. En enero de 1992, en la Jolla, California, se vio a las puertas de la muerte. Gracias a los cuidados de la Dra. Figueredo y a las oraciones de millones de personas, pudo superar la gravedad. Cuatro marcapasos controlarían en adelante el flujo sanguíneo de su corazón.

El 21 de agosto de 1996 nuevamente tuvo que ser internada en el hospital Woodlands de Calcuta. Su situación fue tan angustiosa que los médicos llegaron al extremo de declarar su muerte técnica, porque su corazón estuvo parado durante un minuto. Gracias a un fuerte electrochock, su corazón volvió milagrosamente a latir. Después de intensos cuidados, los doctores lograron eliminar su malaria y estabilizar su corazón; luego la Madre pasó a la Casa Madre para iniciar el período de recuperación. Poco tiempo después, en diciembre de ese mismo año, tuvo que volver al hospital por nuevas complicaciones cardíacas. Finalmente, pocos días antes de la Navidad fue dada de alta, bajo estricta vigilancia médica, para que pasara las fiestas navideñas con sus hermanas. Antes de abandonar el hospital, pronunció aquella frase que recorrió el mundo entero: "Por favor, déjenme morir con mis pobres. No quiero más torturas ni experimentos."

El tema de la sucesión se volvió nuevamente tenso después de las nuevas recaídas de la Madre. Como en septiembre de 1996 terminaba el sexenio de su Gobierno, el problema de la sucesión comenzó a agitarse en el seno de la Congregación. El Capítulo ordinario fue convocado para el mes de agosto de este mismo año y la reelección de la Madre o de su sucesora tendría lugar el 7 de octubre, aniversario de la fundación de las Misioneras de la Caridad. Por la enfermedad de la Madre, precisamente en ese mismo mes la convocatoria fue aplazada para el 3 de diciembre de ese mismo año. La fecha indicada sufrió una segunda postergación porque en esa fecha la Madre fue internada nuevamente.

Finalmente las delegadas fueron citadas en Calcuta para el 14 de enero de 1997 con la doble finalidad de dar un nuevo impulso al desarrollo de la Congregación y de elegir a la nueva Superiora, sin descartar, en principio, una nueva reelección de la Madre. El día de la elección estaba fijado para el 2 de febrero, fiesta de Ntra. Sra. de la Candelaria. En la Casa Madre de Calcuta, ciento veintitrés delegadas de todo el mundo se concentraron para realizar el Capítulo. La casa amplia y acogedora de Dum Dum fue descartada por estar demasiado lejos de los Centros hospitalarios, en caso de presentársele una emergencia a la Madre.

Tras dos meses de intensas "deliberaciones", las delegadas a la magna Asamblea dieron por zanjado uno de los temas que más especulaciones despertó en la opinión pública mundial: la elección de la sucesora de la Madre Teresa.

En representación de más de cuatro mil hermanas, las hermanas capitulares eligieron por "casi total unanimidad" a la **hermana Nírmala Joshi** como Superiora General de las Misioneras de la Caridad para los próximos seis años, como estipulan las Constituciones. El 13 de marzo el Arzobispo de Calcuta, Mons. Henry D´Souza, a través de la oficina del arzobispado emitió el comunicado de la elección a todo el mundo. El enigma había sido descifrado.

A pesar del hermetismo que caracteriza los asuntos internos de las Misioneras de la Caridad, parece ser que las opiniones entre las capitulares estaban fuertemente divididas sobre si convenía o no reelegir a la anciana Madre Teresa. Esto se vio reflejado en el largo proceso de dos meses que ocupó a las hermanas antes de escoger a la Hermana Nírmala.

La Madre, haciendo gala una vez más de su humildad y modestia, nunca intervino explícitamente en el debate de la elección.

El nombramiento de la Hermana Nírmala, que estaba al frente de la rama contemplativa, en opinión de algunos analistas eclesiásticos, cercanos a la Congregación, sería la consecuencia directa del mensaje papal que recibieron las asistentes al Capítulo. En el comunicado del Papa se sugería a las religiosas que buscaran una "tercera vía sucesoria": la de una mujer que de gran espiritualidad, capaz de integrar la contemplación dentro de la acción.

Sea como fuere, apunta un cronista de aquellos días, con la elección de la Hermana Nírmala se desvanecieron todos los rumores que apuntaban a una posible dirección colegiada de la Congregación o a que no se hiciera público el nombre de la elegida hasta que muriera la Madre Teresa.

Después de tan complicada elección, la Madre Teresa sigue siendo la única Madre y Fundadora. La nueva General llevará el simple título de "Hermana".[1]

[1] La elección de la sucesora se realizó el 2 de febrero de 1997, tal como estaba programada, en forma de voto secreto, pero debido a la falta de una clara ganadora, las capitulares tuvieron que mantener conversaciones, a puertas cerradas, antes de llegar a un consenso que satisficiera a la mayoría.

III. Preguntas y respuestas inquietantes

Navin Chawla, autor del libro *Madre Teresa*, hizo algunas preguntas a la Madre que pueden interesarnos.

—¿Por qué las hermanas se ven tan felices?

—*Queremos que los pobres se sientan amados. No podemos presentarnos ante ellos con caras tristes. Dios ama al que da con alegría. Da más el que da con alegría.*

—¿De dónde consiguen la fortaleza que tienen?

—*La Misa es el alimento espiritual que nos sostiene. No puede pasar un solo día o una hora sin él. En la Eucaristía veo a Cristo bajo las apariencias de pan. En los barrios, veo a Cristo bajo los disfraces sufrientes de los pobres, en los cuerpos deshechos, en los niños, en los moribundos. Por esta razón, nuestro trabajo es posible.*

—Muchos se preguntan si usted es la mujer más poderosa del mundo porque usted está a favor de paz. ¿Es verdad su conjetura?

—*¿Eso dicen? ¡Ojalá fuera verdad! Entonces traería la paz al mundo (risas).*

—En cualquier momento usted puede tomar el teléfono y llamar a un Presidente o a un Primer Ministro porque usted habla en nombre de paz, ¿qué verdad hay en esto?

—*Yo hablo en nombre de Cristo. Sin Él yo no puedo hacer nada.*

—Usted se esfuerza por conseguir la paz. ¿Por qué no trabaja también por acabar con la guerra?

—*Si uno trabaja por la paz, la paz hace disminuir las guerras. Pero a mí no me gusta meterme en política. La guerra es fruto de la política y por eso no quiero dejarme envolver en ella; eso es todo. Si me mezclase en política, dejaría de amar. Porque tendría que estar a favor de unos y no con todos. Ésta es la diferencia.*

—¿Qué piensa de los colaboradores?

—*Tenemos una familia de casi cuatrocientos mil colaboradores en el mundo que vienen y comparten el trabajo con las hermanas. Yo les doy la oportunidad de "tocar" al pobre y al que se siente solo. La soledad es la peor enfermedad de nuestro tiempo; mucho más grave que la pobreza física. Tenemos colaboradores de diferentes credos religiosos que no se contentan con dar dinero, sino que ayudan también con sus manos. Tenemos colaboradores médicos que vienen a nuestros dispensarios y cuidan de los enfermos...*

También colaboradores jóvenes que nos ayudan en nuestro trabajo.

—Y de los colaboradores sufrientes, ¿qué puede decirnos?

—*Son personas enfermas que adoptan a alguna de nuestras hermanas. Si usted está enfermo y quiere ser mi colaborador, usted ofrece sus dolores y sufrimientos por mí y yo ofrezco mi oración y mi amor a Dios por usted. Así usted me ayuda a mí y yo le ayudo a usted. Así nos convertimos en colaboradores uno del otro... Cada hermana tiene una persona enferma por la que ofrece sus oraciones y ella, a su vez, ofrece sus dolores por la hermana.*

—En Kalighat hay muchos enfermos, tal vez cien o más. Algunos ya están próximos a la muerte. ¿Por qué ninguno parece tener miedo a muerte?

—*Usted siente la presencia de Dios allí y ellos sienten el amor que reciben. Uno de ellos me dijo: 'He vivido como un animal en la calle, pero ahora moriré como un ángel, rodeado de amor y de atenciones.' Ellos mueren contentos. Más de 30.000 han muerto allí.*

—¿Cuál es su mayor enemigo?, ¿el sentirse rechazados?

—*La pobreza. No tienen nada. No tienen a*

nadie. Son gente de la calle. No recogemos a todos los pobres. Solamente a los enfermos y a los totalmente abandonados. No recogemos de las casas. En Prem Dam hay alguno que procede de los barrios, pero en Kalighat no recogemos nadie que no provenga de la calle.

—Usted dijo en cierta ocasión que el temor más grande de un ser humano es el temor de ser humillado.

—*El camino más seguro para ser uno con Dios es el de aceptar las humillaciones.*

—¿Se ha sentido usted alguna vez humillada?

—*Sí, muchas veces. La publicidad sigue siendo para mí una humillación.*

—Los premios que usted ha recibido, como el Premio Nobel de la Paz, ¿han significado para usted una humillación?

—*Los premios no son nada. Con respecto al Nobel de la Paz, dije que lo aceptaba para la gloria de Dios y en nombre de los pobres. Nunca acepté premios en nombre propio. Yo no soy nada.*

—Usted no permitió que se llevara a cabo el banquete tradicional después de la investidura del Premio Nobel, ¿verdad?

—*No. Preferí que me dieran el dinero del mismo. Con él dimos una espléndida cena de Navidad a dos mil pobres. En Nueva Delhi querían*

ofrecerme un recepción y prepararme una cena.
Les invité a todos a que fueran al Nirmal Hriday
(Casa para Moribundos) y dieran esa cena a los
pobres. Todos los Ministros e invitados de la alta
sociedad fueron y distribuyeron la cena a nues-
tros enfermos.

—Permítame que le haga una pregunta difícil. Usted ha construido una hermosa Obra de amor por todo el mundo, y esta Obra está asociada a usted...

—(Interrumpiendo) ¿Cómo? Está asociada a
toda la Congregación, a toda la Institución...

—Sí, pero como usted es la fundadora, usted se identifica con las Misioneras de la Caridad.

—Es cierto, pero no yo sola, sino con las her-
manas.

—Pero usted como cabeza organizativa.

—Es cierto. Tiene que ser así. En su familia
usted es el número uno. Igual para nosotras. Hay
que reconocerlo. De otra manera habría confu-
sión.

—¿Qué pasará después que usted desaparezca?

—Primero, déjeme que me vaya (risas). Como
Dios me encontró a mí, encontrará a otra. La
obra es de Dios y Él velará por ella.

—¿Qué es lo a usted más la entristece?

—Ver a la gente sufrir, esto me pone triste.

—¿Ha logrado usted sus objetivos?

—*No hay respuesta para esta pregunta. No-sotras no debemos estropear la obra de Dios. No trabajamos por dinero o por fama... Las herma-nas son mujeres consagradas. Profesan un amor consagrado. Lo hacen todo por Jesús. Nosotras trabajamos por Dios.*

Más preguntas y respuestas

Bárbara Walters, estrella del periodismo tele-visivo norteamericano, presenció un día cómo la Madre Teresa acariciaba a un leproso, totalmen-te carcomido y deforme. Al ver la escena, dijo la periodista:

—Madre, yo no tocaría a un leproso ni por un millón de dólares.

—*Por un millón de dólares, tampoco yo lo to-caría, hija. Lo toco únicamente por amor a Dios.*

●●●●●●●

El periodista Tiziano Terziani seguía acosan-do a la Madre Teresa con preguntas y más pre-guntas, hasta que ésta lo interrumpió:

—*¿Por qué me hace tantas preguntas?*

—Porque quiero escribir sobre usted, Madre.

—*No escriba sobre mí. Escriba sobre usted mismo.*

—¿Y cómo?

—*Deje de escribir tanto y trabaje un poco en nuestra Casa de Moribundos. O en alguno de nuestros centros para leprosos, para huérfanos, para retardados mentales, para niñas enloquecidas en las prisiones, para enfermos de sida. Ayude a los más pobres y estará escribiendo sobre usted.*

• • • • • • •

Recién cumplidos los ochenta y cuatro años de edad, la Madre Teresa fue entrevistada en Calcuta por un periodista de la revista *Hello*. Aquí están sus interesantes respuestas:

Voluntariado y su origen

—Hay muchos voluntarios que trabajan aquí en Calcuta con ustedes, ¿de dónde proceden?

—*Vienen de todo el mundo. Unos permanecen largo tiempo con nosotras, otros regresan después de unos meses. Gran parte de ellos vuelven nuevamente para visitarnos. Dios ha sido muy bueno para con nosotras y siempre nos en-*

*vía voluntarios muy entregados. Sería imposible
llevar adelante nuestra trabajo sin la colabora-
ción de estos voluntarios. Todos confiesan que,
al regresar a sus casas, se sienten muy distintos
de como llegaron. La experiencia los cambia porque entran en contacto con el sufrimiento. Existe una admirable armonía a pesar de que perte-
necen a diferentes razas y países. Así es como
podría ser el mundo.*

*Los voluntarios en Calcuta llegan a la Casa
Madre a las seis de la mañana. Después se dis-
tribuyen y van a ayudar a alguna de nuestras casas. Y todo lo que nosotras les damos es una taza
de té.*

—Los voluntarios, ¿son todos católicos?

—*No lo sé. No les pregunto. Sólo sé que vienen
porque quieren darse, compartir. Algunas son en-
fermeras, otros doctores y otros muchos, estudian-
tes. También tenemos personas mayores que ya han
vivido su vida y quieren ahora ayudar a otros
menos afortunados que ellos.*

—¿Por qué usted sintió la necesidad de fundar una nueva Congregación en 1946 y la llamó
Misioneras de la Caridad?

—*Porque creía que era muy importante la
existencia de una Congregación que tuviera un
cuarto voto de servir de por vida a los más po-*

bres de los pobres. *Para nosotras es un privilegio el trabajar con los pobres porque ellos son la manifestación del sufrimiento de Jesús en la Tierra. Por eso nosotras les cuidamos con cariño.*

—¿Por qué el negarse a sí mismas es tan importante en su Congregación?

—*¿Cómo podríamos comprender el sufrimiento de los pobres, si no sufrimos con ellos? Solamente a base de autorrenuncia podremos experimentar la pobreza en nosotras mismas. Necesitamos un corazón limpio para ayudar a los demás.*

—¿Qué significa la palabra "compasión" para usted?

—*Jesús dijo: Ámense unos a otros como yo los ha amado. Esto es lo que yo entiendo por la palabra "compasión".*

Dinero y su procedencia

—¿De dónde sale el dinero para llevar adelante las Casas que ustedes tienen en el mundo?

—*Dios se preocupa de nosotras. La gente es buena con nosotras y el dinero llega. Mucho de ese dinero proviene de lo que yo llamo "dinero de sacrificios". Por ejemplo, una mujer va al mercado para comprarse un vestido. En lugar de comprarse uno de 200 rupias, se compra uno de 150, y las 50 rupias ahorradas, las entrega para los pobres.*

—¿Qué hacen con el dinero que reciben?

—*Apenas llega el dinero, nuevamente sale otra vez. La mayor parte lo gastamos en alimentos. Solamente en arroz, aquí en Calcuta, gastamos más de 100.000 rupias cada día. El dinero nos llega de pequeños donantes, no en grandes cantidades. Hacemos declaración al gobierno de todo lo que recibimos —creemos que así es mejor—, y no tenemos nada que ocultar. Lo curioso de todo esto es que todo el mundo nos da: hindúes, musulmanes, cristianos... Nos sucede lo que a los pájaros y a las flores: el dinero nos llega naturalmente. Nunca tenemos que pedir.*

—¿Les dan solamente los ricos?

—*No, todo el mundo; incluso los más pobres. No hace mucho se me acercó un mendigo y me dijo: 'Madre, a usted le da todo el mundo. Yo también quiero darle estas 20 paisas' (equivalente a 2 peniques). Ante esta situación, no sabía qué hacer. Si aceptaba, se quedaría sin nada para comer; pero si se las rechazaba, probablemente se quedaría profundamente herido. Así que las tomé y el mendigo se quedó tan feliz por haber dado a la Madre Teresa una pequeña contribución para sus pobres. Antes no sucedía esto, pero ahora ya está empezando a suceder porque la gente está comprendiendo cuánta alegría y felicidad hay en compartir.*

—Las donaciones, ¿son esenciales para su obra?

—*Sí, porque necesitamos comprar alimentos para atender a nuestros pobres. Pero hay algo más importante que el dinero: el trabajo compartido. El dinero no puede lograr lo que nosotras estamos consiguiendo.*

—¿Por qué cree que es tan importante para una persona estar capacitada para dar a los demás?

—*La limosna limpia el corazón y ayuda a la persona a acercarse a Dios. Además obtiene mucho más en recompensa. Estoy convencida de que he recibido mucho más de lo que he dado a los demás. Hay un dicho bengalí que dice así: Antes de sentarte a la mesa para comer, toma un poco de tu arroz y dáselo a un pobre.*

El sida y el aborto

—Madre, usted ha repetido muchas veces que la enfermedad más grave de todas es la de sentirse rechazado, de no ser nadie para los demás. ¿Qué significa esto?

—*Sí, la enfermedad más grave en la actualidad no es la lepra, ni la tuberculosis, sino la de sentirse rechazado. La gente necesita sentirse amada, ya sean borrachos, drogadictos, prostitutas o pacientes de sida. Sin amor, el hombre muere. Observe a su alrededor y se dará cuenta de que hay una pobreza más profunda que la de carecer de alimentos.*

—Se ha comentado en la prensa que usted hace bautizar a los niños hindúes, ¿es cierto esto?

—*Pienso que debemos respetar la religión de los demás. Solamente así habrá paz en el mundo. Tenemos a nuestro cuidado musulmanes, sikhs, hindúes y cristianos. Nosotras siempre respetamos su religión. Muchos también nos ayudan en la ciudad, y entre ellos hay musulmanes e hindúes. Todos son hijos de Dios, creados para el mismo fin: amar y ser amados.*

—¿Constituye el sida un problema en Calcuta?

—*Ciertamente el sida es un grave problema aquí, pero no se lo reconoce como tal. Tenemos pacientes de sida en nuestras casas de moribundos, pero no sabemos cuántos son porque no es nuestro objetivo diagnosticarlos. Nos limitamos a cuidar de nuestros enfermos y a darles medici-*

nas apropiadas. En Bombay, el problema es mayor, especialmente entre las prostitutas. Precisamente allí hemos abierto una Casa para pacientes de sida.

—¿Ustedes ayudan a pacientes con sida o solamente a las llamadas "víctimas inocentes"? Me explico: ¿prefieren ayudar a los homosexuales o a los drogadictos?

—*No nos interesa saber cómo contrajeron el sida. Para nosotras todos los enfermos son iguales, ya procedan del mundo del bienestar social, ya de los que viven en la calle. He ayudado a muchos pacientes de sida en estos últimos años y a muchos los he visto morir con una muerte dichosa; a veces con una sonrisa en su rostro. Acogemos a personas afectadas por el sida en todo el mundo: Gran Bretaña, España, Italia, Estados Unidos...*

—La Conferencia del Cairo sobre "Población y Desarrollo" anunciaba una verdadera catástrofe si la población mundial seguía creciendo a un ritmo como el presente. ¿Esto altera sus puntos de vista sobre el control de natalidad y el aborto?

—*No, porque nosotras estamos combatiendo el aborto con la adopción. Más de tres mil niños de nuestras casas han sido adoptados por fami-*

lias de todo el mundo. Hay muchos, muchos matrimonios que no pueden tener hijos y se sienten felices al adoptar un niño. He observado cómo se deshacen los matrimonios que no tienen hijos.

—¿Se preocupa usted cuando es atacada por los pro-abortistas?

—*En absoluto. Usted tiene que tener presente que esto es buena señal, porque demuestra que el problema les está preocupando. Pero lo que más me duele de todo este asunto es el aumento de los abortos, la muerte de millones de niños a quienes se les niega la vida. La gente no aprueba lo que digo porque digo la verdad. Bien saben ellos que estoy haciendo lo correcto.*

—Y ellos le echan la culpa a usted.

—*Bien, qué le vamos a hacer. Yo no pierdo mi tiempo en estas discusiones.*

—¿Se siente angustiada por todo el sufrimiento que ve aquí, en Calcuta?

—*Si yo me ocupara de mis angustias y sentimientos, nunca estaría en condiciones de aliviar el sufrimiento ajeno. Yo trato de darles amor y esperanza. Esto ya es algo maravilloso.*

—Usted parece ser una persona singular, capaz de abrir todas las puertas del mundo. ¿Alguna vez se le cerró alguna?

—*Nunca se me cerró ninguna puerta porque nunca pedí nada a nadie. Siempre les doy, y cuando se dan cuenta de esto, me devuelven mucho más de lo que les doy.*

—Cuando usted se encuentra con gente internacionalmente famosa, sean hombres o mujeres, ¿alguna vez la trató de manera diferente a como se trata a la gente ordinaria, por razón de su posición social?

—*Para mí todos son iguales. No hago distinción de personas. Espiritualmente hablando, todos tienen el derecho de ir al Cielo. Los líderes mundiales aceptan que no los favorezca y saben bien que nosotras promovemos el amor espiritual de Dios.*

—Usted se ha reunido varias veces con la princesa Diana (Lady Di). ¿Qué es lo que más le gusta de ella?

—*La princesa Diana es una mujer muy sensible al dolor humano y creo que está ayudando a algunas de nuestras hermanas. Ella sabe que yo la estimo y quiero que sea feliz. Ha debido de sufrir mucho últimamente. ¿No cree usted que debe ser muy difícil la vida de un personaje famoso?*

—Cuando usted mira hacia atrás y contempla los logros que ha conseguido a lo largo de estos últimos cincuenta años, ¿no se siente un poquito satisfecha consigo misma?

—*No son logros míos. Yo no soy importante, la obra es importante. Dios nos ha ayudado y el dinero nos ha ido llegando. Nunca pienso en términos de realizaciones, sino en lo que se puede hacer por los enfermos y los pobres. Realmente no tengo tiempo para pensar en mi personal satisfacción.*

¿Teme usted a la muerte?

—Cuando el papa Juan Pablo II la visitó por vez primera aquí en Calcuta, usted dijo que aquel día había sido el día más feliz de su vida. ¿Qué fue lo que le conmovió tanto en aquella ocasión?

—*Cuando llegó el Papa a Calcuta, no vino a la Casa Madre, sino que fue directamente a la Casa del Moribundo. Ésa era su prioridad. Después de aquella visita, siempre que nos encontrábamos en Roma, yo solía decirle: Santo Padre, usted que tiene tanto espacio en el Vaticano, ¿por qué no me regala una Casa para acoger a todos los que están necesitando ayuda en su ciudad?*

Creo que fue en la tercera visita cuando el Papa me entregó un manojo de llaves. Eran de una Casa del Vaticano. Las Hermanas acogen ahora en ella a 85 mujeres que se vieron empujadas a la prostitución como único medio de supervivencia.

—¿Qué responde a los que piensan que usted debería atacar las causas sociales de la pobreza al mismo tiempo que alivia los sufrimientos de los pobres?

—*Nuestra obra no está vinculada a los políticos. Nuestro deber no es otro que servir a los pobres por todos los medios que podamos. Y los pobres necesitan desesperadamente alimento, vestidos y medicinas. No tengo tiempo para hacer política. Hay tantas cosas que necesitamos hacer aquí y es tan poco el tiempo disponible para hacerlas...*

—Antes de recibir la llamada de Dios para hacerse religiosa, ¿alguna vez estuvo enamorada?

—*Sí, pero de mi familia. Después me consagré a Dios. Tenía una familia maravillosa: madre, padre, una hermana y un hermano. Ya todos han muerto. La familia es tan importante... Es lo más importante de todo. Familia que reza unida, permanece unida. Y si permanece unida y se aman unos a otros, vendrá la paz al mundo. Tengo una pequeña tarjeta amarilla que dice así:*

El fruto del silencio es la oración.
El fruto de la oración es la fe.
El fruto de la fe es el amor.
El fruto del amor es el servicio.
El fruto del servicio es la paz.
Éste es el Credo de mi vida.

—Acaba usted de celebrar sus 84 años de vida. ¿Teme usted a la muerte?

—*¿Por qué habría de temerla, si la he visto tantas veces en todos los que ha muerto en mis brazos? Morir es marchar a la Casa del Padre. Venimos de Él y regresamos a Él. Nunca he tenido miedo a la muerte. Por el contrario, la espero con alegría.*

IV. La muerte de una santa

Dichosos los que mueren en el Señor.
Que descansen en paz, porque sus
obras los acompañan.

Ap 14, 13

Estando ya prácticamente preparadas las páginas de este libro para su publicación, las Agencias Internacionales de Noticias anuncian sorpresivamente el fallecimiento de la Madre Teresa.

Víctima de un paro cardiaco, repiten los noticieros una y mil veces, el viernes 5 de septiembre de 1997, fallece en Calcuta, a la edad de 87 años, esta santa mujer. De cuerpo pequeño, pero de corazón grande, la "Madre de los pobres", que dedicó toda su vida a aliviar el sufrimiento de los desheredados de la fortuna, entra en la eternidad.

La noticia de su muerte se extiende como un reguero de pólvora hasta los últimos rincones del planeta. Todo el mundo se siente sobrecogido ante la desaparición de esta "mensajera del amor universal". Tras de sí, deja un vacío abismal porque "nunca una persona tan frágil y enferma hizo tanto por tantos".

Desde el momento de su muerte hasta el día que recibe piadosa sepultura, la "santa de Kalighat" aparece constantemente en los noticieros televisivos de todo el mundo, que destacan los rasgos más acusados de su fuerte personalidad. Todos coinciden en que acaba de morir "una santa, una mujer universal, una mensajera del amor y de la ternura de Dios para con los pobres".

A través de una vida entregada al servicio incondicional de los pobres y de los pequeños, la Madre Teresa se ha convertido en el ideal de santidad para el siglo XX, amada y admirada por todo el mundo. Su bondad personificada y su lucha tenaz contra la pobreza y a favor de la vida, le granjearon el aplauso y la admiración de todo el mundo, sin distinción de razas, credos o condición social.

Bautizada desde el principio con el merecido título de "Madre de los pobres", por la calidad de su entrega al servicio de los abandonados y moribundos, pronto pasa a convertirse en "Madre de todo el mundo" porque se inclinó ante los todos los sufrimientos de la pobre condición humana.

Cuando llegó la noticia a Bengala de que a la Madre Teresa le habían concedido el máximo galardón del Premio Nobel de la Paz en 1979, el primer ministro del Estado Bengalí, Jyoti Basu, de ideología marxista, organizó una recepción en honor a la Misionera. En las palabras que dirigió a la concurrencia, Jyoti Basu precisó: "Hasta ahora usted, Madre Teresa, había sido la Madre de Bengala. A partir de este momento, usted se ha convertido en la Madre de todo el mundo."

Por eso, todos lloramos la pérdida de este ser querido, al mismo tiempo que nos alegramos porque ha pasado a recibir el premio de los justos.

Condolencias y testimonios

La muerte de esta mujer fuera de serie, desató en todo el mundo un aluvión de condolencias y de testimonios inequívocos sobre la limpia personalidad de nuestra querida Madre Teresa.

El papa Juan Pablo II, amigo personal de la santa, se recogió en profunda oración, sensiblemente dolorido, apenas se enteró de su fallecimiento. Horas después, esbozó en pocas palabras, uno de los retratos más vigorosos de esta mujer ejemplar:

La Madre Teresa marcó la historia de nuestro siglo, defendió la vida con fervor, sirvió a todos los seres humanos promoviendo la dignidad y el respeto, e hizo todo lo que estuvo a su alcance para hacerse merecedora del infinito amor de Dios.

Con apasionado coraje ha defendido la vida, ha transmitido a los derrotados de este mundo la ternura del Dios misericordioso. Ha sido un ejemplo extraordinario de esa silenciosa misión de caridad que nace de la contemplación de Jesús en la cruz.

En el rostro de los miserables, la Madre Teresa reconoció el rostro de Jesús, quien desde lo alto de la cruz le imploraba: "Tengo sed", y ella respondió a ese grito con generosa sumisión voluntaria hacia los moribundos, los pequeños abandonados y los hombres y mujeres aplastados por el peso del sufrimiento y de la soledad.

Con energía ejemplar, ha proclamado en foros nacionales e internacionales el derecho a la vida, el respeto a la dignidad humana; ha servido a todos los seres humanos, promoviendo siempre su dignidad y respeto, ha hecho sentir a los derrotados de la vida la ternura de Dios y ha sido testimonio del Evangelio de la caridad llevada hasta el heroísmo.

Misionera de la Caridad, su misión comenza-
ba todos los días antes del amanecer, delante de
la Eucaristía. En el silencio de la contemplación,
la Madre Teresa escuchaba el grito de Jesús en
la cruz: "Tengo sed." Ese grito la empujaba ha-
cia las calles de Calcuta y de todas las perife-
rias del mundo, en la búsqueda de Jesús en el
pobre, en el abandonado y en el moribundo.

• • • • • • •

Otras destacadas personalidades de la jerarquía eclesiástica también han destacado la profunda huella que deja en la Iglesia y en el mundo por su destacada personalidad, por su incondicional amor y entrega a los más pobres de este mundo.

El cardenal Carlo Maria Martini, arzobispo de Milán, al mismo tiempo que deploraba la irreparable pérdida de una mujer tan carismática y ejemplar, decía:

La Madre Teresa era una mujer de Dios, sím-
bolo de la presencia de la Iglesia entre los po-
bres y marginados. Su gran carisma atrajo a mu-
chos y seguirá atrayendo, y se seguirá contem-
plando los signos de Dios en cada hombre, tam-
bién en los pobres.

El arzobispo de San Pablo, Mons. Evaristo de Arns, elogió la figura de la Madre en estos términos:

Ella fue una santa del siglo XX, la santa más evidente y de una actividad permanente al servicio de las personas más necesitadas en todo el mundo. Su trabajo impulsó a mucha gente a una opción preferencial por los pobres.

Mons. Ovidio Pérez Morales, arzobispo de Maracaibo, Venezuela, se expresaba de esta manera:

La vida de la Madre Teresa es una demostración palpable de amor preferencial a los pobres y de lucha por la cultura de la vida y de la fraternidad... Seguirá viviendo entre nosotros como estrella de la animación y como motor de entusiasmo y esperanza.

Uno de los teólogos católicos más eminentes de nuestros días, el sacerdote polaco Jezef Tischner, declaraba:

La Madre Teresa siempre estuvo junto a los pobres, a los hambrientos, a los desamparados y, para entenderla, hay que consultar el Evangelio, las enseñanzas de Jesucristo que también estuvo siempre con los pobres.

También desde el ámbito del mundo político y artístico llegaron a Calcuta miles de mensajes de condolencia y palabras de admiración para la "santa del sari blanco".

El Primer Ministro de la India, Kumar Guiral, decía profundamente conmovido:

Me faltan las palabras para expresar mi dolor. La Madre Teresa era un apóstol de la paz y del amor. Ella ya no está con nosotros.

¿Para qué seguir aportando otros hermosos testimonios de hombres y mujeres de toda clase y condición? Basten éstos para medir el impacto que su muerte produjo a lo largo y ancho de la geografía mundial, y comprobar que nos encontramos ante una mujer de talla internacional.

Por amor a los "intocables"

Aunque en el mundo hindú la palabra "intocable" se aplica exclusivamente a la casta inferior de los "parias", podemos decir que "intocables" son también todos aquellos pobres y marginados que forman la escoria de nuestra sociedad opulenta.

Por amor a ellos, por rescatar su dignidad, por su recuperación física y moral, la Madre Teresa ha vivido y ahora muere crucificada a la cruz redentora de Jesús. Toda su filosofía sobre estos hombres y mujeres derrotados por la vida la encontramos resumida en textos inquietantes como los siguientes:

> *No cierren las puertas a los pobres;*
> *porque los pobres, los apestados,*
> *los caídos en la vida,*
> *son como el mismo Jesús.*

Los pobres no tienen necesidad de nuestra compasión y lástima. Tienen más bien necesidad de nuestra ayuda y asistencia. Es más lo que recibimos de ellos que lo que nosotros les damos.

Los pobres son un regalo de Dios. Son nuestro amor. Son nuestra "esperanza". Por su coraje y valor, ellos realmente representan la esperanza del mundo. Nos enseñan un camino diferente para amar a Dios, al darnos la oportunidad de ayudarlos en la medida que podamos.

Para muchos, los pobres son el deshecho de la humanidad, los parias de la sociedad, los que carecen de derecho y de dignidad. Son los despreciados y humillados por nuestra sociedad ebria de orgullo y poder. Los pobres, en definitiva, son una mancha que afea y desluce la belleza de la raza humana. Lo mejor que podríamos hacer con ellos, sería eliminarlos de una vez para siempre.

Para la Madre Teresa, en cambio, los pobres son sus mejores amigos, sus hijos predilectos, los privilegiados del Señor. Se siente plenamente solidaria con ellos, como afirma en uno de sus múltiples textos:

Mi comunidad son los pobres. Su seguridad es la mía. Su salud es la mía. Mi casa es la suya. Pero no hablo de los pobres en general, sino de los pobres más pobres. De aquellos a quienes nadie se acerca porque son contagiosos y están llenos de microbios y suciedad. De los que no van a la iglesia a rezar porque les da vergüenza ir desnudos. De los que no comen porque ya no les quedan fuerzas para hacerlo. De los que se caen desplomados en las aceras porque están a punto de morir, y a cuyo lado pasan los transeúntes sin volver la vista atrás. De los que no lloran porque se les han agotado ya las lágrimas.

Por eso, cuando en 1996 estaba internada en el hospital Woodlans de Calcuta, para ser atendida de insuficiencia respiratoria, de malaria y de problemas cardíacos, ella suplicaba a los doctores:

Estoy triste porque no puedo salir del hospital y estar con mis pobres. Sáquenme cuanto antes de aquí y déjenme morir entre mi gente, entre mis po-

bres. No quiero que me salve una tecnología que está vedada a mis pobres. No quiero privilegios.

La llamada de los pobres se originó ya en su infancia, al calor del hogar, cuando acompañaba a su madre Drana a socorrer a las familias pobres de su ciudad natal. Estando ya de misionera en la India, su madre le escribía:

> Querida hija: No olvides de que la razón de tu marcha a un país tan lejano fueron los pobres. ¿Te acuerdas de Fidja? Está cubierta de llagas, pero lo que más dolor le produce es encontrarse sola en el mundo. Por nuestra parte, hacemos todo lo posible por ayudarla. Pero es verdad, lo peor no son las llagas, sino la sensación de que sus parientes se han olvidado de ella.

La voz divina que una vez escuchó, camino de Darjeeling, el 10 de septiembre de 1946, y que le repetía: "Tienes que hacer algo", "No puedes quedarte con los brazos cruzados", "Si tú no empiezas, nadie comenzará", esa voz seguirá martilleando en su corazón a lo largo de toda su vida.

Cierto día, yendo por la calle, encontré a una niña que estaba tosiendo y muerta de frío, con vestido roto y sucio. Pedía limosna con cara de hambre. Todos pasaban de largo. Aquel espectáculo me irritó y me hizo exclamar interiormente: Pero ¿cómo Dios permite esto? ¿Por qué no hace algo para que tales hechos no se produzcan?

De momento mi interrogación quedó sin respuesta. Pero, por la noche, en el silencio de mi habitación, pude oír su voz que me decía: **"Claro que he hecho algo para solucionar estos casos, te hecho a ti."**

Legados de fe

Ahí quedan para la historia algunos de sus mensajes favoritos. Bueno es que los refresquemos:

Nadie podrá arrancarme mi fe. Si alguna vez, al derramar el amor de Cristo entre los pobres y olvidados, no hay otra alternativa que permanecer en el país, con gusto lo haré, pero sin renunciar a mi fe. Estoy preparada para entregar mi vida, pero nunca mi fe.

•••••••

Veo a Dios en cada ser humano. Cuando lavo las heridas del leproso, siento que estoy ayudando al Maestro mismo. ¿No es una bella experiencia?

•••••••

He elegido libremente la pobreza de nuestros pobres. Si acepto este galardón (el Nobel), lo hago en nombre de los hambrientos, los desnutridos, los desamparados, los tullidos, los ciegos y leprosos; de todas aquellas personas que se sienten rechazadas, olvidadas, personas que han llegado a ser una carga para la sociedad y que son rechazadas por todos.

•••••••

Nunca antes he estado en una guerra. Pero he visto la hambruna y la muerte infinidad de veces. Me preguntaba qué sienten al hacer esto (guerra fratricida en Beirut). No lo comprendo. Son criaturas de Dios. ¿Por qué lo hacen? No lo entiendo.

•••••••

El aborto es un homicidio en el vientre de la madre... Una criatura es un regalo de Dios. Si no quieren a los niños, dénmelos a mí.

•••••••

A la larga, empezarán a matar a las personas mayores, a los minusválidos, y así por estilo.

•••••••

Cuando veo despilfarros aquí y allá, me encolerizo. No estoy de acuerdo con sucumbir a la ira, pero es algo que uno no puede evitar, después de haber visto la hambruna en Etiopía.

• • • • • • •

No me siento indispensable. Cuando desaparezca, Dios encontrará otra persona más humilde, más fervorosa, más obediente a Él, y la Congregación seguirá adelante.

• • • • • • •

Soy un pequeño lápiz en las manos de Dios, con el que Él escribe sus cartas de amor a los hombres.

• • • • • • •

La santidad no es un privilegio para algunos,
sino una obligación para todos,
"para usted y para mí".

Un encuentro gozoso

Cuando Jesús pronunció aquellas palabras del juicio final que aparecen en el capítulo 25 del Evangelio de san Mateo, seguramente estaba pensando en esta diminuta mujer que comprendió perfectamente el mensaje contenido en las mismas y que las llevó a la práctica hasta el fin de su vida.

Por eso estoy seguro de que Jesús le habrá dado la bienvenida al llegar al Cielo y le habrá dicho:

Mi querida hija, Teresa: recuerda cuántas veces me diste de comer y de beber, cuántas veces me vestiste, me hospedaste, me visitaste y me consolaste. Siempre que lo hiciste con los más pobres de los pobres en Calcuta y en el mundo entero, a mí me lo hiciste. Entra en el gozo de tu Señor para recibir tu corona de gloria...

Calcuta llora a una santa

Apenas la noticia del fallecimiento de la Madre Teresa se anunció por los medios de comunicación, una muchedumbre emocionada se dio cita, bajo la intensa lluvia, en la Casa Madre de las Misioneras de la Caridad para rendir un homenaje agradecido a la que todos consideraban una santa. Sí, la Madre Teresa era y es una santa. Éste era el sentir de todos al escuchar la noticia de su muerte: "Era una santa."

Ya en 1975, la influyente revista norteamericana *Times* colocaba a la cabeza de los "santos vivientes de nuestros días" a la "Santa de Kalighat". En un largo reportaje de cinco páginas el "magazine" americano elogiaba la vida y la obra de la Madre Teresa como "una persona de una virtud y un coraje totalmente heroicos, cuya vida constituye un ejemplo para los demás."

A menos de un mes de distancia, 17 de enero de 1976, otro importante semanario francés, *Paris-Match,* insistía en la "canonización" de la Madre Teresa, dedicándole cubierta y reportaje bajo el epígrafe "Todavía quedan santos..."

Y a partir de la concesión del Premio Nobel de la Paz, los principales rotativos mundiales comenzaron a calificarla como "la santa universal" (*New York Times*), "Santa Teresa de Calcuta" (*L'express*), "La santa de los pobres" (*La Stampa*).

Si santa "es una persona en la que resplandece la luz y la bondad de Dios", nadie como la Madre Teresa tiene derecho a este título, ya que su vida ha sido un rayo de luz y de esperanza en los ambientes más "tenebrosos" de nuestro mundo.

Si santos son "los amigos de Dios", ¿quién ha estado más cerca de Él que esta mujer que ha contemplado, todos los días, el rostro de Jesús en los rostros sufrientes de los pobres en los barrios nauseabundos de nuestras ciudades?

Si santos son "los que transparentan el amor de Dios a los hermanos", con plena razón podemos decir que Teresa de Calcuta es una santa, porque durante toda su vida ha sido "toda amor, toda ternura, toda bondad" para miles y millones de personas marginadas.

Esa "fama de santidad" fue creciendo a lo largo de su vida mortal porque la Madre Teresa practicó todas las virtudes cristianas en grado heroico, especialmente la virtud del servicio y de la caridad fraterna.

Cuando en cierta ocasión un periodista le preguntó indiscretamente: "Madre Teresa, ¿es verdad que usted es santa?", la Madre, un tanto confusa por la pregunta embarazosa, contestó:

Yo no sé si soy santa o no. Ni siquiera estoy preocupada por ello. Lo único que puedo decirle es que "la santidad no es un privilegio para algunos, sino una obligación para todos; para usted y para mí."

Para la Madre Teresa, la santidad es...
Despojarse de todo lo que no es Dios.
Desnudar el corazón y vaciarlo de todas las cosas creadas, vivir en pobreza, en total desprendimiento.
Renunciar a la propia voluntad,
a las propias inclinaciones, caprichos y antojos,
y convertirse en esclava voluntaria
de la voluntad de Dios.

Sí, hijas mías, esto es lo que pido diariamente para cada una de ustedes: que lleguen a convertirse en esclavas de la voluntad de Dios .

Probablemente la Madre no sabía que al definir así la santidad, estaba trazando un acabado retrato de sí misma. Porque exactamente así es como vivió y murió la "embajadora del amor de Dios a los hombres."

Realmente no sabemos cuándo la Madre Teresa será proclamada oficialmente santa por la Iglesia, pero ya el pueblo cristiano y no cristiano la ha canonizado en su corazón y con sus palabras. Si la "vox pupuli" (voz del pueblo) es la "vox Dei" (voz de Dios), estamos ante un caso típico de santidad por aclamación.

Es cierto que entre los católicos, el derecho de proclamar santa a una persona compete exclusivamente al Papa, quien lo declara después de un meticuloso y, a veces, prolongado proceso indagatorio. Pero la Madre Teresa podría ser canonizada por la Iglesia en un breve tiempo, según los observadores cercanos al Vaticano.

Según palabras de testigos oculares, en una misa privada que el Santo Padre celebró en Castelgandolfo en sufragio por el alma de la religiosa fallecida, estuvo a punto de declarar que la Madre Teresa era una santa. Sabemos que lo piensa en su corazón, y personalmente estoy seguro que el Papa no morirá sin haber elevado a los altares a "la Santa de los pobres".

De fuentes vaticanas llegan comentarios que indican que la Madre Teresa podría ser canonizada en un corto lapso de tiempo por la Iglesia Católica debido a que el papa Juan Pablo II considera que la vida de la monja fue absolutamente ejemplar.

"No soy ajeno a las más íntimas ideas del Santo Padre. Creo que él desea que sea un proceso rápido", dijo a los periodistas el cardenal Joseph Ratzinger, Prefecto de la Congregación para la Doctrina de la Fe. "Si el Papa intervendrá o no, aún no lo sé, porque él tiene un gran respeto por los procedimientos de la Iglesia", añadió el aludido Cardenal.

Según las reglas establecidas por el Vaticano, el largo, complicado y en algunos casos controversial proceso de beatificación, sólo puede comenzar cinco años después de la muerte de la persona, y la canonización puede llevar décadas y hasta siglos.

Sin embargo, la gente en todo el mundo y hasta el propio Vaticano desean que se haga una excepción para la popular monja católica, conocida como la "Santa de los Pobres" porque dedicó toda su vida a ayudar a los más necesitados.

En este sentido, la comunidad católica de Calcuta expresó que espera una "señal de Dios" —un milagro— que acelere el proceso de la canonización de la religiosa. "Para todos y no sólo en la India, la Madre Teresa era una santa viviente", dijo Monseñor Francis Gomes, Vicario General de la archidiócesis de Calcuta.

Monseñor Gomes afirmó que "no existen presiones" para canonizar a la Madre Teresa, pero reconoció que "todos se alegrarían si la Madre pudiera tener el importante lugar que le espera, naturalmente en el respeto de los procedimientos de la Iglesia".

Quisiera cerrar estas páginas con las mismas palabras con las que terminaba Malcolm Muggeridge la primera biografía sobre la Madre Teresa, en 1971:

Soy consciente del fracaso de mi tentativa; mis palabras no han podido trasmitir más que una impresión muy vaga y muy imprecisa de esta mujer y de su obra...

Será la posteridad la que diga que nos hemos encontrado con una santa. Yo me limito a decir, en este tiempo de oscuridad, que ella es una luz que ilumina; en este tiempo de crueldad, que ella es como una encarnación viva del Evangelio del amor de Cristo; y en este tiempo sin Dios, que el "Verbo" habita entre nosotros, lleno de gracia y de verdad. Por ello, los que hemos tenido el inapreciable privilegio de conocerla o saber que existe, debemos sentirnos eternamente agradecidos.

Caracas, 14 de septiembre de 1997

Algunas direcciones de las Misioneras en Latinoamérica

Argentina
Misioneras de la Caridad
7 de julio 1300
2800 Zárate
Buenos Aires

Bolivia
Misioneras de la Caridad
Casilla Postal 7661
Garita de Lima
La Paz

Brasil
Misionarias da Caridad
Adva. Brasil 4947
Bom Successo
Río de Janeiro

Colombia
Misioneras de la Caridad
Apartado 77800
Carrera 3A, N.° 32.06 4295
Barrio Perseverancia
Santa Fe de Bogotá

Cuba
Misioneras de la Caridad
Calle 32 (Entre pasaje A y
calle 21)
Capilla Jesús Obrero
Barrio Vedado 12300
La Habana - 10400

Chile
Misioneras de la Caridad
Calle 1, N.º 4670
Población Santiago
Comuna Estación Central
Santiago de Chile

Ecuador
Misioneras de la Caridad
Apartado 459
Parroquia de Cotocullao
Población Tumbaco
Quito

Guatemala
Misioneras de la Caridad
Las Galeras
Colonia Betania
Zona 7
Guatemala

Haití
Missionaires de la Charité
Rue B. de Larnage
Selmas 31, B. P. 13107
Port-Au-Prince

El Salvador
Misioneras de la Caridad
Apartado Postal 1351
Ciudad San marco
El Salvador

Honduras
Misioneras de la Caridad
Apartado Postal 1565
Colonia Monte de Sinaí
Comayagüela
Tegucigalpa

México
Misioneras de la Caridad
C/ Galeana, 225
Colonia Santa Fe
01210 Méjico, D. F.

Nicaragua
Misioneras de la Caridad
Iglesia del Calvario
Calle 15 de Septiembre
Managua

Panamá
Misioneras de la Caridad
Apartado 6-3463
Hogar San José
Correo Cristobal
Panamá

Paraguay
Misioneras de la Caridad
22 Proyectada con
Calle Parapití, N.° 3391
Asunción

Perú
Misioneras de la Caridad
Apartado 5478
Avda. 28 de julio,
2821 La Victoria
Lima - 13

Puerto Rico
Misioneras de la Caridad
Post box 177 Stat N.º 6
(Casa: Street 1, 27 El Tuqua)
Ponce

República Dominicana
Misioneras de la Caridad
Barrio María Auxiliadora
Calle E, N.º 75
Santo Domingo

Uruguay
Misioneras de la Caridad
Calle Dr. Isidro Mas de Ayala,
5476
Barrio Borro
(Postal: Av. de las Instrucciones
2223)
Montevideo

Venezuela
Misioneras de la Caridad
Post. Calle Real, 10
Casa Parroquial de Antímano
(Casa: Calle Consejo, 72
Barrio Carapita de Antímano)
Caracas

Bibliografía

Arribas Sánchez, Pedro,

   Cristo entre los pobres
   Teresa de Calcuta. Mensajes de vida
   Teresa de Calcuta. Profeta de la paz

Spink, Kathryn, *Cadena de amor*

   Serie "Un encuentro con Teresa de Calcuta":
      Amar al otro
      Con Jesús y con su Madre
      Vida interior

   Serie: "Pensamientos Madre Teresa de Calcuta":
      Camino de la perfección
      El amor
      El derecho a la vida
      Fe y libertad
      Jesús

La oración

La pobreza

María

Ser cristianos

Todos estos libros llevan el sello
LUMEN
Viamonte 1674
(1055) Buenos Aires
Tel. (01) 4373-1414
Fax: (54-11) 4375-0453

República Argentina

Índice

Lumen Bolsillo
(primera serie)

Autoliberación interior
Anthony de Mello

Madre Teresa. Testamento
Pedro Arribas Sánchez

Cómo educar hijos rebeldes
Osvaldo Cuadro Moreno

*Cómo corregir sin ofender. Manual teórico-
práctico de corrección de estilo*
Pablo Valle

El camino de Chuang Tzu
Thomas Merton

Los mejores juegos grupales
Silvino José Fritzen

70 juegos para dinámica de grupos
Silvino José Fritzen

Triunfo. A la conquista del verdadero ser
Michel Quoist

Confesiones
San Agustín

Madre Teresa: Mensajes de vida
Pedro Arribas Sánchez

Se terminó de imprimir en el mes de agosto de 1999
en el Establecimiento Gráfico **LIBRIS S. R. L.**
MENDOZA 1523 • (1824) LANÚS OESTE
BUENOS AIRES • REPÚBLICA ARGENTINA